I0479809

Tú triunfarás donde los demás fracasaron

José C. Álvarez Jiménez

Tú triunfarás donde los demás fracasaron

Guía básica para personas con un negocio y sin tiempo para hacer un MBA

Aviso legal

Este libro se te presenta a ti solo con fines informativos y no constituye, en ningún caso, la sustitución por un asesoramiento profesional. Los contenidos de este documento están basados en las opiniones del autor.

El autor no acepta ninguna responsabilidad por cualquier acción, ya sea legal o cualquier otra, por los materiales proporcionados. Es responsabilidad exclusiva del lector buscar ayuda profesional antes de ejecutar ninguna acción de su parte.

Los resultados de los lectores variarán en función de su nivel de habilidad y formación individual sobre este contenido. Por lo tanto no se ofrece ninguna garantía de los resultados que el lector pueda llegar a conseguir con esta obra.

Todo es cuestión de foco, en tu vida y en tu negocio

SUMARIO

INTRODUCCIÓN

Ya conoces las estadísticas:

España: "El 80% de las empresas quiebran en los primeros cinco años", según Juan Antonio García Ordóñez, profesor de la Universidad de Cádiz.

"Las estadísticas nos hablan de una elevada mortalidad en las empresas de nueva creación: según datos de 2003, más del 70% de los negocios no llegan a los cuatro años de vida" ("Emprendedor XXI", de La Caixa).

Y hay razones para ello. Las principales:

1. Falta de experiencia y conocimiento.
2. No contratar a profesionales.
3. Fallos en la gestión: falta de control de los gastos a través de presupuestos y de rentabilidad.

Con estos números, la pregunta es directa:

¿Por qué tú vas a triunfar donde otros fracasaron?

Es muy fácil plantearse esta duda…

Cuando las cosas no están saliendo como tú pensabas.

Cuando no consigues hacerle ver a tu cliente tu punto de vista.

Cuando no consigues ver el punto de vista de tu cliente.

En muchas ocasiones puede surgir la pregunta de qué puedes hacer tú para no pertenecer a ese grupo tan poco apetecible.

El club del 80%.

Pero ¿sabes qué…?

En las mismas razones que provocan esos números se encuentra la solución. Y de esta solución, bueno, soluciones, es de lo que vamos a hablar a lo largo de este libro.

¿Cómo se reflejan estos errores en el emprendimiento de hoy en día?

Es lo que yo llamo el cuento de la lechera 2.0, porque está más de moda que nunca.

Con las *start ups*.

Con el interés por el emprendimiento.

Con los medios de comunicación hablando de personas que se hicieron millonarias gracias a una gran idea.

Es el cuento de la lechera 2.0 y es muy probable que seas la lechera y no lo sepas.

¿Qué errores principales cometió la lechera?

El cuento ya lo conoces, no voy a hablar de él. De lo que si voy a hablar es de comportamientos que hoy se replican en pequeñas empresas que están comenzando a crecer y que pueden hacer que su crecimiento se vea quebrado porque no son capaces de digerirlo.

ERROR 1: NO BAJAR A LA TIERRA LAS IDEAS.

Muchos de nosotros tenemos multitud de ideas al cabo del día. Nuevos productos, nuevos servicios. Y queremos implantarlo ya, porque pensamos que va a ser la bomba.

Y seguramente lo sean, sí, pero... ¿a qué precio? ¿Con qué rentabilidad?

Estamos hablando del futuro, por supuesto, pero no se trata de adivinar el futuro, se trata de ACOTAR EL RIESGO. Tu pensamiento debe tener parte de la mentalidad de un inversor, analizando hasta qué punto te conviene invertir tu tiempo, dinero, recursos... en algo de lo que no conoces su rentabilidad.

Se trata de emplear tu tiempo y dinero en aquello que te dé más rentabilidad con menos riesgo. Ni más ni menos. Este planteamiento de Warren Buffet es directamente aplicable a tu empresa.

Si has decidido hacer algo de forma consciente, y has bajado a la tierra para definirlo, estás tomando decisiones sabiendo lo que haces y, si haces esto, tu riesgo se minimiza.

ERROR 2: PLANTEAR SIEMPRE EL MEJOR ESCENARIO.

El análisis de escenarios es una disciplina que se utiliza mucho en mi profesión, y forma parte de lo que hablaremos a lo largo de este libro.

Se trata de simular distintos escenarios para analizar cuál sería el resultado si se dieran diferentes circunstancias.

Este ejercicio te permite definir en qué situación te encontrarías si el futuro no fuera tan bueno como a primera vista pensaste.

Si aun conociendo tu peor escenario los números son favorables, tu decisión está clara.

Si por el contrario, tu peor escenario no te lo puedes permitir, o tu mejor escenario no es lo suficientemente bueno como te gustaría, acabas de ahorrar mucho tiempo y dinero.

Y EL ERROR MÁS IMPORTANTE: NO CENTRARSE EN LO IMPORTANTE POR PREOCUPARSE DE INTANGIBLES.

Tu tiempo es muy limitado.

Y lo sabes.

No puedes dedicarte a todo.

No puedes ponerle foco a todo.

No puedes estar pendiente de todo.

Tu atención es tan limitada como tu tiempo.

Y necesitas priorizar.

De esto también hablaremos a lo largo de este libro. De cómo enfocar, de cómo tomar las mejores decisiones, de cómo optimizar tu tiempo.

¿Por qué creo que voy a ser capaz de ayudarte?

Te voy a pedir un ejercicio mental: piensa en tu grupo de amigos y amigas.

En aquellas personas que conoces desde la infancia y te han acompañado hasta ahora.

En aquellas otras que has conocido hace poco pero que, por unas cosas o por otras, tienes cerca.

De todas esas personas...

¿De quién te fías?

¿En quién confías de verdad?

¿Por quién siempre pondrías la mano en el fuego?

Te digo mi opinión: en el amigo que siempre te dice la verdad, aunque te duela.

Hay personas que están cerca de ti porque os viene bien, a ambos.

Vuestros hijos van juntos al colegio, sois vecinos. Os lleváis bien y coincidís en muchas cosas, pero vamos, tampoco irías con ellos a una isla desierta.

Hay otras personas que están cerca de ti porque las conoces desde la infancia. Habéis crecido juntos. Compartís el tronco del árbol de vuestra vida. Pero las ramas han evolucionado separadas. Siempre estaréis unidos pero, ahora mismo, no compartís vuestras vidas.

Sin embargo hay personas que siempre han estado contigo. Vivan o no vivan cerca. Coincidas o no coincidas con ellas. Siempre están ahí.

Y son las personas que te ayudan a tomar decisiones, porque son de las que te fías. Son en las que depositas tu confianza. Son las personas que te dicen siempre la verdad, aunque te joda. Siempre.

Amigos de verdad

Esas personas son las que te hacen mejorar. Las que te hacen crecer y las que hacen que evoluciones como ser humano.

En las grandes organizaciones se está implantando, poco a poco, una figura con un rol muy parecido. Es el llamado *Financial Business Partner*, que traducido al español de una forma más o menos coloquial sería el Colega Financiero de Negocio.

Y te preguntarás: ¿a cuento de qué se creó esta figura?

El caso Enron - y otros muchos escándalos financieros- hizo que se viera la necesidad de incorporar, en las grandes corporaciones, una figura que velara por la integridad de las cuentas y de las decisiones financieras.

Una figura que estuviera lo suficientemente cerca del negocio para saber lo que están haciendo las unidades pegadas a la operativa y lo suficientemente cerca de la dirección para saber lo que realmente deberían hacer estas unidades operativas.

Una figura que dijera a estas unidades no lo que quieren oír sino lo que realmente sucede. Que les ayude a tomar decisiones en línea con la dirección y con los objetivos estratégicos. Una figura independiente pero a la vez vinculada para marcar direcciones alineadas con la dirección y con poder suficiente para ser seguida por las unidades operativas.

¿Quién es esta figura realmente? Seguro que ya lo has adivinado.

Estas grandes organizaciones están intentando crear la figura del amigo que siempre te dice la verdad, aunque te duela, porque saben que funciona.

Es una figura de referencia en la vida personal. Y es una figura de referencia en el mundo empresarial.

¿Tienes a tu alrededor alguien que ejerza esa figura?

Plutarco lo decía allá por el año 67:

> *"No necesito amigos que cambian cuando yo cambio y asienten cuando yo asiento. Mi sombra lo hace mucho mejor."*

Si en tu negocio no tienes a nadie que te lleve la contraria con razones objetivas.

Si no tienes a nadie que con datos e indicadores te diga que hay cosas que no estás haciendo bien.

Si nadie te dice creo que en esto te estás equivocando porque ha visto los márgenes y tu idea no es tan buena como te crees.

Entonces te falta algo...

Y no quiere decir que no seas capaz de crecer, evolucionar y conseguir que tu negocio vaya viento en popa.

Lo que quiere decir es que es muy probable que estés cometiendo errores y que nadie te esté diciendo nada. Que haya datos que no soporten algunas de las decisiones que estás tomando y que no haya nadie que te lo esté avisando. Y que casi con toda seguridad te vas a meter una leche que podrías evitar.

Llevo más de 10 años ocupando la figura de *Controller* Financiero.

Llevo más de 10 años trabajando como *Financial Business Partner* colaborando con distintas áreas, he trabajado cerca de los directores de atención al cliente, he trabajado cerca de los directores de tecnología y te puedo asegurar algo: hay muchas veces que lo que dice un *Controller* no cae bien. No es amable. No es dulce.

Pero también te aseguro otra: es útil para tomar la decisión acertada porque no atiende a criterios subjetivos sino, únicamente, a criterios objetivos y medibles.

Por eso creo que te puedo ayudar.

Por eso y porque, a lo largo de este libro, vas a encontrar herramientas que van a ayudarte a gestionar tu negocio de una forma profesional y a:

- Optimizar la gestión de tu negocio.
- Mejorar tu cuenta de resultados.
- Mejorar la experiencia de tus clientes.
- Fijar los precios de tus productos.
- Construir un equipo a tu alrededor.
- Racionalizar tu toma de decisiones.
- Tener más tiempo libre.

Ahora ya no tienes excusa, el éxito está en tus manos.

¡Enhorabuena!

BLOQUE I: NUEVE RAZONES PARA LEER ESTE LIBRO

Este libro va de cómo aprender a gestionar tu negocio. Es la disciplina que se conoce como control de gestión.

"¿Control de gestión...? Y eso para qué me sirve a mí, si me faltan horas en el día"

Esto es lo que oigo, habitualmente, cuando me pongo a hablar con personas que emprenden acerca de cómo llevan el control de su negocio.

Lo cual, para mí, no deja de ser chocante puesto que precisamente el control de gestión ayuda a poner el foco en lo importante y liberar recursos de tareas de menor valor añadido.

En concreto te voy a dar nueve razones por las que te interesa el Control de Gestión de tu negocio y, por tanto, este libro.

CAPÍTULO 1. TE AYUDARÁ A CREAR TIEMPO PARA ANTICIPARTE AL FUTURO.

¿Por qué?

Ya te he dicho que las estadísticas indican que, en España, el 80% de las empresas quiebra en los cinco primeros años y más del 70% de los negocios no llega a los cuatro años de vida.

También te he comentado que esto es debido fundamentalmente a:

1.- Falta de experiencia y conocimiento.

2.- No contratar a profesionales o no cuidar la formación de la plantilla.

3.- Fallos en la gestión: falta de control de los gastos a través de presupuestos y de rentabilidad de las inversiones.

Vaya, vaya...por aquí asoma el tercer factor que explica el hundimiento del 80% de las empresas en los primeros 5 años de vida. Y para mí, cómo no, el más importante.

Porque no sólo es un factor en sí mismo. Sino un indicador, una alarma, un aviso que puede evitar los otros dos.

Aun teniendo experiencia y conocimiento en un negocio, podrías no darte cuenta de fallos en tu plantilla o en tus finanzas.

Te pongo un ejemplo: tú puedes ser el mejor cortador del mundo, pero si tienes una empresa que corta jamón y no contratas buenos cortadores de jamón o no sabes lo que ganas en cada jamón que cortas, es muy probable que acabes en la quiebra.

Además, puedes tener una plantilla muy formada y preparada pero no por ello estarías prestando atención a los otros dos factores.

Imagina que tienes una gestoría con los mejores asesores fiscales. Sin embargo no tienes ni idea de fiscalidad y además no sabes cuántos euros estás ganando por cada asesor que tienes contratado. Es muy probable que acabes en la quiebra, bien porque tu cuenta de resultados sea negativa, bien porque algún asesor se esté pasando de listo.

Ahora...

¿Qué sucede si tienes un modelo de control de gestión a través de presupuesto y de análisis de rentabilidad?

En primer lugar, tendrías indicadores que te permitirían anticipar problemas de tu negocio: no estás vendiendo cañas suficientes o las estás vendiendo demasiado baratas. Es decir, podrías anticipar problemas debidos a tu falta de experiencia.

Y, además, verías con tiempo si existen problemas en la plantilla: imagina que tuvieras un modelo de gestión que te permitiera saber que de tus dos trabajadores, uno de ellos hace el 80% de tu caja. Y que ambos cobran lo mismo. ¿A que preverías que puede aparecer algún problema como ese trabajador se percate y decida ponerse por su cuenta porque considera que está cobrando poco en comparación con su compañero?

Uno de los factores te permite anticipar los otros dos. Por eso es diferencial frente a ellos.

Este libro va a ayudarte a generar tiempo, porque te va a enseñar a anticipar el futuro, y por tanto a crear el que a ti te interesa.

CAPÍTULO 2. TE ENSEÑARÁ A CONOCER TU NEGOCIO

El otro día hablaba con un amigo. Y cliente. Pero antes amigo que cliente, mucho antes.

Este amigo me comentaba cómo había cambiado el mundo de la hostelería de unos años a esta parte.

Es decir, de los años precrisis a los años postcrisis.

Antes de la crisis se abrieron muchos bares.

Las compañías cerveceras crecían y tenían dinero para invertir y promocionar estos locales a cambio de ventas futuras.

Muchas personas pensaron que se iban a forrar con un negocio de restauración, bien fuera un bar o bien fuera un restaurante, porque la gente salía, comía y cenaba fuera, iban de ronda en ronda de cañas.

Pero eso se acabó.

Empezó a subir el paro, la gente ya no tenía tanto dinero para gastar, ya no se tomaban dos y tres rondas. Una como mucho, y alargando todo lo posible.

Con menos demanda muchos negocios empezaron a ver como su caja cerraba cada día con menos dinero.

Empezaron a darse cuenta de que un mes y otro también dejaban de pagar a sus proveedores.

Hasta que cerraron.

Mi amigo no cerró. ¿Por qué? Porque conoce su negocio. Conoce la hostelería. Pero no me refiero que sepa poner cañas y vinos. Que hable con los clientes y que les atienda bien, que también.

Me refiero a que conoce su negocio.

Sabe cuánto le cuesta cada pincho que pone con la caña.

Sabe cuánto le gana a cada Coca Cola que sirve.

Sabe cómo los costes fijos le restan rentabilidad y conoce la importancia de tener un volumen de gente que le permita diluir esos costes fijos.

Mi amigo conoce su negocio.

¿Tú puedes decir lo mismo?

Un negocio es como tu casa.

Tu casa tiene unos cimientos, una estructura, unas instalaciones de agua y calefacción. Tiene una estructura.

También tiene unas paredes, unas ventanas, unos azulejos. Tiene un marco adecuado.

Y también tiene unos muebles, una decoración. Tiene una buena presentación

Para tener una buena casa necesitas tener estos tres elementos: estructura, marco y decoración. Si falla alguno de ellos no te sientes confortable hasta que lo remedias. En cualquiera de las tres patas.

A un negocio le pasa lo mismo:

Necesita una estructura sólida: una buena gestión, un buen *management*. Un soporte financiero sólido sobre el que levantarse. Una gestión adecuada de los recursos del negocio, evitando duplicidades o despilfarros y que permita preparar al negocio para el día a día y también para el futuro.

Necesita un buen producto: si lo que vendes es malo, por mucho que quieras hacerlo bueno, acabará cayendo. Tu producto o servicio tiene que ser bueno. Sí o sí.

Necesita una buena presentación: sí. Totalmente necesario. No sólo hay que ser bueno, también hay que parecerlo.

Muchos emprendedores y pequeños empresarios se centran en los puntos dos y tres. Sin prestar atención al punto número uno.

Se preocupan por ofrecer un muy buen servicio y producto. De calidad. Pretenden especializarse en un producto de nicho. Con una atención esmerada y con una calidad muy alta.

Estupendo.

Pero dejan de lado el punto número uno, como si no fuera importante. Con la idea de que si el producto es bueno y la presentación también, el negocio irá adelante solo. No hace falta planificar, medir, seguir evoluciones ni controlar costes.

La diferencia entre los negocios que salen adelante y los que no está precisamente aquí. En conjugar estas tres dimensiones adecuadamente. En utilizar el control de gestión para dotar a tu negocio de la potencia económica y financiera que necesitas con la finalidad de seguir ofreciendo buenos productos con una inmejorable presentación.

Mi amigo sigue teniendo su negocio porque conoce su casa.

Desde el tejado hasta las cañerías. Domina los tres pilares. Y no habrá crisis que lo tumbe.

CAPÍTULO 3. TE AYUDARÁ A CREAR UN PLAN Y CUMPLIRLO

Hay muchos estudios acerca de la productividad y muchos métodos para incrementar la eficiencia de nuestros procesos, ABC, GTD que abundan sobre la importancia de la planificación.

Parecen siglas de modelos de coches. Pero son sistemas probados. Que funcionan.

A lo largo de mi carrera he oído muchas veces: "Eso que haces no sirve para nada, al final el papel lo aguanta todo y la realidad pasa por encima como un huracán" (quizá no con estas palabras exactas pero siempre con una intención similar)

Sin embargo, esto no es así al 100%. Tiene sus matices. Y como en todo, el diablo está en estos matices.

"In preparing for battle I have always found that plans are useless, but planning is indispensable." (Preparando una batalla siempre me he encontrado con que los planes son inservibles pero planear es indispensable--> traducción libre), Dwight D. Eisenhower.

Seguro que es porque llevo más de 10 años planificando, por lo que es normal que tienda a la planificación.

Por eso entiendo que lo que nos quiere decir Eisenhower es que es muy probable que cualquier plan que hagamos se vaya al carajo.

¿Por qué?

Porque aparecerán nuevas variables en la ecuación que harán que ese plan ya no valga.

Pero eso es sólo una parte de la ecuación.

Falta la otra parte que menciona Eisenhower: *"but planning is indispensable"*

¿Por qué?

¿Por qué si sabemos que los planes se van a romper es tan necesario planificar?

Porque te preparas para distintos escenarios.

Es como cuando entrenas para un partido de baloncesto: ¿Qué haces?

Entrenas jugadas.

Si se da una determinada situación, aplicas esa jugada y funciona.

Y, si no se da, tienes más recursos para ganar el partido.

Lo mismo sucede a la hora de planificar. Trabajar sobre distintos escenarios hace que puedas adaptarte mejor a los cambios que, sí o sí, se van a producir.

Minimizas riesgos.

Este es el secreto para planificar bien. El secreto para tener una estrategia para todo.

Nunca vas a poder saber, exactamente, qué hacer después de una determinada decisión. Nunca. Porque, cuando tomes esa decisión, habrán cambiado otros parámetros en la ecuación que harán que tu estudio previo se desmorone.

Y, sin embargo, es una completa locura enfrentarte a tu futuro sin realizar ese análisis, puesto que estarás acudiendo a una pelea con el futuro en inferioridad de condiciones. Con un mayor riesgo en tu balance y, por tanto, con más probabilidad de cagarla. Sin más.

Y esto vale para todo...

¿Quieres abrir un negocio?

Planifica: qué pasa si tengo este número de clientes, qué pasa si tengo este otro, qué pasa si cambia la regulación, qué pasa si mi proveedor principal me abandona.

¿Quieres comprarte una casa?

Planifica: qué pasa si sube el tipo de interés, qué pasa si me bajan el sueldo, qué pasa si me quedo sin ingresos,¿ podré alquilar la casa si me tengo que mudar...?

¿Quieres comprar un activo para tu negocio?

Planifica: en cuánto tiempo lo voy a amortizar, cuánto voy a tardar en pagarlo, cuántos clientes nuevos me va a traer.

¿Quieres vender tu empresa?

Planifica: cuál es el mínimo precio que he de pedir, cuál es el máximo que entiendo me podrían dar, qué pasa si el comprador me hace una oferta fuera de estos dos precios,...

Cualquier situación conlleva una toma de decisiones y cualquier toma de decisión necesita una planificación.

El secreto para planificar bien es saber que los planes fallan pero, aún con eso, siempre es mejor tener un análisis de escenarios preparado.

A lo largo de este libro aprenderás a crear un plan utilizando herramientas como el Análisis de Escenarios o de Sensibilidad.

CAPÍTULO 4. TE ENSEÑARÁ A IDENTIFICAR PROBLEMAS

Trabajo con bastantes empresas, constituidas por personas muy trabajadoras, muy activas, con muchas inquietudes y dinámicas que un día se dan cuenta de que lo que estaban haciendo hasta ahora ya no les convence. Que no quieren seguir por la autopista por la que circulan la mayor parte de las personas. Que quieren seguir su propio camino, uno más escondido, más pequeño, con menos tránsito, pero que les encanta.

Tú estás en ese camino. Como yo.

Ahora bien, la autopista está bien iluminada, hay varios carriles. Cuenta con señalización, dispone de vías de servicio y gasolineras.

Si necesitas algo lo tienes. Si hay algo que parece que no funciona es relativamente sencillo identificar el problema y solucionarlo, porque hay mucho tráfico y seguro que le ha pasado a más personas.

Si necesitas pedir una baja laboral, si vas a presentar la declaración de la renta, sabes cómo hacerlo. No necesitas llevar una planificación detallada de ingresos y gastos ni monitorizar tu vida al detalle, porque tienes una nómina y tus gastos más o menos los tienes ajustados a esa nómina.

El camino, sin embargo, es distinto. Es de arena, de vez en cuando se cruzan raíces, hierbajos o incluso está cerrado por algún tronco caído. Es decir, es probable que te encuentres con más obstáculos y, en ocasiones, no sabrás ni siquiera que existe ese obstáculo y seguirás intentando quitar el tronco del camino cuando la mejor opción es rodearlo.

Te falta información. No estás 100% seguro de qué variables tienes que medir, no sabes incluso si tienes que medir esas variables.

O si tus cifras son buenas o malas.

Y si no conoces tu problema, tienes un problema.

Intuyes que van bien porque has ido aumentando la facturación, pero realmente desconoces si estás ganando o no dinero. Has oído hablar del fondo de maniobra, del *cash flow* , de la importancia de ambos. Pero ni tienes muy claro lo que son, ni sabes hasta qué punto son importantes para ti.

El que no corre habitualmente no sabe lo importante que son las zapatillas y cómo influyen en tu resultado.

El que no gestiona su negocio no sabe lo importante que es hacerlo.

Si no manejas adecuadamente la información de gestión de tu negocio no sabes hasta qué punto estás dejando pasar oportunidades. Ni tampoco sabes hasta qué punto estás generando un problema que de aquí a unos meses se va a manifestar y va a reventar tu liquidez obligándote a tomar decisiones que de otra forma no hubieras tomado.

Has tomado el camino más complicado y, a la vez, el más bonito, pero no puedes permitirte recorrerlo sin el calzado, la ropa y la mentalidad adecuados.

Y digo bien, no puedes permitírtelo porque ya quemaste tus naves cuando decidiste dar el paso y lanzarte. No estás dispuesto a volver atrás, sólo a mirar adelante.

El control de gestión te ayuda a identificar la causa raíz de tus problemas y a encontrar la forma de solucionarlos.

El síntoma que tú puedes percibir seguramente sea uno de estos: falta de tiempo, falta de liquidez, sensación de urgencia en todas tus actividades, desbordamiento mental, sensación de *emprendedor orquesta* (término que hace poco me comentó una persona muy cercana y que me encantó).

La causa raíz, sin embargo, no la tienes identificada.

Y, hasta que no lo hagas, por mucho que intentes estirar las horas del reloj, no podrás seguir haciendo crecer tu negocio.

Cada problema es generado por una causa raíz y tiene una solución. Igual que cada obstáculo en un camino puede solucionarse con una herramienta adecuada y el conocimiento suficiente.

Este libro te ayudará a identificar causas raíces y a solucionarlas.

CAPÍTULO 5. TE ENSEÑARÁ A TOMAR DECISIONES

La toma de decisiones es uno de los puntos clave de tu trabajo como gestor de tu empresa.

Todos los días tienes que tomar decisiones. Y, a veces, es difícil saber si estás tomando la mejor decisión en el momento adecuado.

Tomar decisiones es una disciplina que lleva su tiempo aprender, existe todo un proceso de toma de decisiones que garantiza que con la información disponible estás tomando la mejor decisión.

Pero, claro, nadie nace aprendido. Y lo vemos en los niños. Una parte de su educación es enseñarles a decidir. Y enseñarles a decidir en base a su propio criterio y conveniencia.

NO por lo que vean en otros niños. NO por lo que les intenten vender. NO por lo que les apetezca en cada momento.

Sino por lo que sea mejor para ellos.

A lo largo de este libro trabajaremos sobre los procesos de toma de decisión, para reformularlos en caso de que sea necesario.

CAPÍTULO 6. TE ENSEÑARÁ A TRATAR CON TUS CLIENTES

Tus clientes son los que te dan de comer.

Tus clientes son los que traen los ingresos a tu cuenta de resultados.

Pero no son tus amos.

Ni son tus dioses.

A lo largo de este libro hablaremos de *Customer Experience* o de cómo conseguir que la experiencia de tus clientes contigo sea increíble.

Hablaremos acerca de cómo conseguir un 10 en atención al cliente.

Pero también hablaremos de cómo conseguir convencer a un cliente de que lo que él te está pidiendo es imposible.

Y, sobre todo, de hacerle entender que lo que realmente necesita es justo lo que le estás proponiendo tú.

OJO, sin mentiras.

No se trata de engañar a tus clientes. NUNCA.

Se trata de que te comuniques con ellos de una forma asertiva, de que incrementes tu capacidad de negociación y de que sintonices con sus necesidades para ofrecerle en cada momento lo que más le convenga.

CAPÍTULO 7. TE ENSEÑARÁ A DEJAR DE HACER COSAS QUE NO APORTAN

No todo lo que haces al cabo del día sirve para algo. De hecho muchas de las cosas que acabas haciendo no sirven para nada. Y eso significa que despilfarras tu tiempo. Tiempo que podrías dedicar a pasar con tu familia, con tus amigos o a leer un buen libro que incremente tu formación.

Sea como sea es tu tiempo y no te puedes permitir el lujo de despilfarrarlo. Nos pasamos unas diez horas al día entre durmiendo y comiendo. El resto de horas tenemos que aprovecharlas al cien por cien. O al menos hacerlo de forma consciente.

Hace poco descubrí el significado real de *carpe diem*.

Hasta hace un tiempo para mí significaba aprovecha el momento, disfruta de la vida y haz todo lo que puedas porque si no te acabarás muriendo y no habrás hecho nada.

Ahora para mí significa otra cosa. VIVE EL PRESENTE. Es decir, disfruta de cada momento. Sea lo que sea.

Si estás comiendo, come.

Si estás leyendo, lee.

Si estás bebiendo, bebe.

Y si estás trabajando, trabaja.

Ten tus cinco sentidos -y el adicional- puestos en lo que estás haciendo, porque lo único que existe realmente es el presente.

CAPÍTULO 8. TE ENSEÑARÁ A EVITAR EL SÍNDROME DEL BOLSILLO LLENO

Voy a compartir contigo uno de los síndromes más comunes que se manifiestan tanto en particulares como en autónomos, en pequeñas empresas y también en grandes multinacionales. Se trata del síndrome del bolsillo lleno.

Y es algo muy peligroso puesto que te sitúa en un estado mental totalmente incompatible con una actuación racional.

Vamos a ir por partes. Te voy a pedir un pequeño ejercicio mental. Ponte en esta situación:

Imagina que acabas de hacer una gran operación que te ha supuesto una fuerte entrada de ingresos, lo que ha hecho que tu cuenta corriente pase a contar con una cifra muy superior a aquella que estás acostumbrado a tener. Imagina tu cuenta corriente con esa cifra imponente. Visualízalo. Durante unos 10 segundos.

¿Qué es lo primero que harías?

¿Sabes lo que responde el 85% de las personas a las que haces esta pregunta?

Emplearlo en comprar algo.

Los más avispados en invertirlo para su propia empresa.

Los menos avispados lo usan para darse algún capricho.

Parece que el dinero en la cuenta abulta, pesa y hay que soltarlo.

Lo mismo pasa en el ámbito particular, por eso muchas de las campañas de las grandes empresas se llevan a cabo a principios de mes, cuando la gente tiene el bolsillo lleno con la nómina (o es lo que ellos creen) y se dan un capricho.

¿Que no te lo crees?

¿Qué pasa con las pagas extra? ¿Crees que la mayor parte de la gente invierte el dinero de estas pagas? ¿O lo usa para anticipar el futuro?

NO. Se lo pule.

Esto es exactamente el síndrome del bolsillo lleno.

Pero aún hay más...

¿Qué sucede si a esta situación le añadimos una falta de planificación de los flujos de caja?

Y lo mismo me dices ¿una falta de qué?

Los flujos de caja son las entradas y salidas de dinero que tienes en tu empresa. No lo que ingresas y lo que gastas. Sino lo que finalmente acabas cobrando (los euros que entran en tu caja) y lo que realmente pagas (los euros que salen de tu caja)

No vale de nada una factura si no la cobras. (Seguro que esto es algo que tienes claro)

Pues bien, si no haces una correcta planificación de flujos de caja puede que debido al síndrome del bolsillo lleno tengas que hacer frente a un pago fuerte en un par de meses, no lo sepas y decidas hoy fundirte el dinero que deberías emplear para hacer ese pago.

Y ahora es cuando me dices: ¿Yo? ¿Cómo voy a hacer yo eso?

Vale.

Voy a hacerte unas cuantas preguntas:

¿Tienes un presupuesto ventas y de días de pago de esas ventas?

¿Tienes un presupuesto de gastos?

¿Lo vas monitorizando mes a mes?

¿NO?

Y entonces: ¿Cómo carajo puedes saberlo?

Lo importante no es lo que facturas, ni el beneficio que generas. Lo importante es lo que te queda en la caja al final del día. Y eso que te queda en la caja al final del día debe ser lo que pague las facturas del día siguiente. Y así sucesivamente.

No puedes pretender tomar decisiones acertadas acerca de tu presente sin tener una idea sobre tu futuro inmediato puesto que seguramente la decisión que tomes sea incorrecta.

Unos años atrás hice un curso de conducción de todoterrenos con una parte teórica (pesos, vehículos, tracciones, etc.) y otra práctica (conduciendo por pendientes, desniveles, saliendo de barros, etc.).

Recuerdo que, uno de los días, tuvimos que subir una pendiente muy pronunciada. Hasta un punto en el cual sólo veías el cielo. Al llegar a ese punto el monitor te obligaba a parar el vehículo y te decía: "Y ahora qué"

Tú pensabas que te estaba preguntando si ahora debías meter la tracción a las cuatro ruedas, la reductora, descativar algún control de tracción, etc.

Todos los participantes fallamos esta pregunta.

Y la respuesta era bien sencilla.

Recuerda, pendiente pronunciada. Sólo ves el cielo de lo inclinado que está el vehículo. No ves nada. No sabes qué hay delante.

¿Y ahora qué?

Te bajas del coche.

Efectivamente. Paras, te bajas y avanzas andando para saber qué es lo que hay delante del morro del todoterreno. Y, una vez que sabes lo que hay delante del morro del 4x4 entonces tomas una decisión.

Muchos de nosotros decidimos seguir para adelante sin prestar atención al futuro cercano.

Sin bajarnos y mirar un poco más allá. Sin el ambiente cargado del vehículo. A respirar fuera y mirar hacia delante. Para saber qué es lo que nos espera. Para planificar en el corto y medio plazo y evitar que una mala decisión haga que nuestro negocio vaya hacia donde no queremos.

Sin planificación no conoces tu futuro cercano. Y sin conocer tu futuro cercano, el síndrome del bolsillo lleno puede hacer que tomes decisiones erróneas respecto a tu exceso de liquidez. Decisiones de las que te puedes arrepentir más adelante.

Mi monitor de conducción me lo advirtió: "Bájate del coche y mira hacia delante"

Este libro te ayudará a tomar decisiones pensando en el medio y largo plazo y evitar, así, el síndrome del bolsillo lleno.

CAPÍTULO 9. EVITARÁ QUE TU NEGOCIO SE CONVIERTA EN UN AGUJERO NEGRO

"Un agujero negro es una región finita del espacio en cuyo interior existe una concentración de masa lo suficientemente elevada como para generar un campo gravitatorio tal que ninguna partícula material ni siquiera la luz, puede escapar de ella".

Tu negocio es una región finita del espacio. Que concentra una serie de recursos, de materia. En tal cantidad que generan un campo de atracción sobre tu dinero.

De forma que se va tragando día a día, mes a mes tu patrimonio.

Y no vuelve a salir de ahí.

¿Te sucede esto a ti?

Entonces tu negocio se ha convertido en un agujero negro. Sin ninguna duda.

Y ahora la pregunta irremediable es...

¿Y cómo se sale de esta?

Hay varias razones por las que un negocio puede convertirse en un agujero negro pero vamos a resumirlas únicamente en dos.

Debido a un problema Coyuntural.

Debido a un problema Estructural.

¿Cuándo tienes un problema coyuntural?

Cuando se ha dado una determinada circunstancia en tu negocio que está haciendo que no generes la suficiente caja como para poder hacer frente a todos los pagos. Puede ser por un problema puntual en tu proceso de cobros o por un problema puntual de volumen de clientes. Pero, también por un exceso de alguna partida de gastos. Hay infinitas situaciones que pueden generar esta situación.

Lo más importante de este contexto es que es coyuntural. Es decir, se pasa. Es un catarro, no te vas a morir de ello.

Hay que prestarle atención, hay que identificar el problema en concreto y solucionarlo. Pero tu negocio está salvo en su mayor parte.

¿Cuándo tienes un problema estructural?

Cuando no es un tema circunstancial. NO es un tema temporal. Es un problema ligado al *core* de tu negocio, hay algo muy importante que estás haciendo muy mal y está provocado que no estés creando valor. Que no generes caja.

Y, si no lo corriges, irá a peor.

Es una pulmonía y puede tener consecuencias mortales para ti si no lo tratas adecuadamente.

Para evitar caer en este agujero necesitas escuchar a tu negocio.

Utilizando los datos que día a día estás obteniendo de tus sistemas de información. Analizando esa información e identificando dónde se encuentra el problema real, en qué línea de tu cuenta de pérdidas y ganancias se encuentra tu particular agujero negro.

Te cuento lo que yo haría:

Revisaría todos los ingresos de los últimos tres meses. Y no me refiero a la cifra de ventas únicamente, sino a las unidades vendidas, los precios de estas unidades, los descuentos aplicados y cualquier dato que hubiera afectado a tu función de ingresos durante ese período.

Analizaría los gastos en ese tiempo y de forma diferenciada en distintos bloques:

Gastos directamente relacionados con tu negocio: costes de materias primas, de personal, de servicios que tengas subcontratados, de suministros, etc. Todos los relacionados directamente con tu negocio. Una vez hecho esto restaría de tus ingresos estos gastos y vería cuánto dinero, realmente, genera tu negocio.

Ahora incorporamos los gastos no directamente relacionados con tu negocio pero que también pueden estar quitándote dinero. Por ejemplo los gastos financieros, los pagos de deudas, las inversiones que hayas realizado de forma puntual en ese período.

De nuevo miramos el resultado restando estos gastos.

Y, para terminar, restamos los impuestos que hayas tenido que ir pagando en ese período.

Una vez hecho se pueden plantear dos situaciones:

a) Que el resultado final siga siendo positivo. Si no estás viendo ese dinero al final de cada mes, entonces, o bien te están robando dinero de la caja o bien tus clientes no te están pagando.
b) Que el resultado final sea negativo. En cuyo caso iremos subiendo por la cuenta de resultados para identificar en qué punto ésta se vuelve negativa.

Y ahora es cuando realmente empieza lo interesante. Es el momento en que tendrás que poner a trabajar todas tus neuronas.

Puesto que una vez identificado el problema podemos solucionarlo. Y no es lo mismo que tu falta de beneficio sea generada por un gasto puntual que has tenido que realizar por lo que sea, que porque en cada producto que vendas estés perdiendo dinero.

El primer agujero negro es pequeño.

El segundo, sin embargo, puede acabar con tu vida.

Ambas situaciones son completamente distintas; por tanto, las soluciones también. Este libro te ayudará a identificar estas situaciones y a implantar soluciones para salir de ellas.

BLOQUE II: HERRAMIENTAS DE CONTROL DE GESTIÓN

Hay errores que pueden hacer que tu negocio fracase, varios de los cuáles son clamorosos.

Tienes que conocerlos igual que los conozco yo (después de que he fracasado en varios negocios) porque si no haces algo para evitarlos verás cómo tu negocio se va descomponiendo hasta que llegue un momento en el que se desintegrará.

Sí. Es crudo, pero es la realidad.

Antes de hablar de herramientas de gestión es importante que conozcas estos errores, puesto que, sólo una vez que entiendas su importancia, entenderás la ventaja de utilizar las herramientas de las que vamos a hablar a lo largo de este bloque.

Comenzamos por tanto con estos errores que pueden hacer que tu negocio fracase:

1.- NO REALIZAR UNA ADECUADA PLANIFICACIÓN Y CONTROL PRESUPUESTARIO Y DE GESTIÓN.

En estos días cada vez más revueltos y con más incertidumbre, necesitas hacer un seguimiento constante del desempeño de tu negocio mediante un efectivo control de gestión.

Esto implica varios pasos:

- Planificación y realización de presupuestos que te permita anticipar el futuro.
- Seguimiento y monitorización de las variables más importantes de tu negocio para garantizar que lo que dijiste que ibas a hacer lo estás haciendo.

- Implantación de medidas correctoras que te permitan volver a tu camino si lo has abandonado.

2.- UTILIZAR EL DINERO DE TU NEGOCIO PARA TU USO PERSONAL.

Sacar dinero de la caja de tu negocio para gastarlo es uno de los mayores errores que puedes cometer.

Tu negocio es tu negocio.

Y tú eres tú.

Debes tener una cuenta corriente para tu negocio y otra diferente para ti. En la cuenta de tu negocio registra los ingresos y gastos de tu negocio. Sólo de tu negocio. Y puedes gestionar transferencias de tu negocio a tu cuenta personal para determinados asuntos pero nunca para pagos corrientes.

Separar tus cuentas es imprescindible.

3.- NO CONTROLAR TUS DESPILFARROS.

Tus procesos y actividades no pueden utilizar más recursos que los estrictamente necesarios. Incurres en despilfarros cuando produces demasiado, tienes un inventario mayor del que necesitas, gastas demasiado en transportar tus productos, tienes demasiados problemas de calidad que te obligan a repetir el proceso o el servicio.

Incluso, hablando de servicios, cuando empleas demasiado tiempo en uno determinado

Y ojo con esto: una mala administración del tiempo, de tu tiempo, es vital para garantizar que no estás desperdiciando el mayor activo que tienes en tu negocio. Tú.

4.- INVERTIR DEMASIADO EN ACTIVOS.

Un activo -sintetizando- es un bien que necesitas para poder producir tus productos o servicios. Si inviertes con el objetivo de disponer de la última innovación tecnológica, sólo por tenerla, estás desperdiciando recursos porque estás reduciendo tu liquidez y tu capacidad para hacer frente a otras necesidades, exclusivamente, por un capricho.

Y, aquí, tu cabeza es lo más importante.

No te engañes.

No necesitas el último modelo de iPhone, por mucho que lo quieras.

5.- NO CONOCER TU PUNTO DE EQUILIBRIO.

Tu punto de equilibrio es aquel volumen de ventas que te permite empezar a ganar dinero. Si tienes unos márgenes muy bajos o unos costes fijos muy altos, tienes que vender mucho volumen para poder alcanzar el punto muerto y, partir de aquí, comenzar a ganar dinero.

Tienes que conocer este punto muerto puesto que si estás en un negocio en el que te cuesta llegar a ese volumen de ventas, es muy probable que de forma habitual generes pérdidas en lugar de ganancias.

6.- GESTIONAR MAL TUS FONDOS.

Vamos a separar dos conceptos:

- Fondos propios (los euros que metes tú a tu negocio)
- Fondos ajenos (los euros que pides prestados para tu negocio)

La cuestión es sencilla: si lo que pagas por los fondos es más de lo que obtienes por ellos: MAL NEGOCIO.

Si hablamos de fondos ajenos, lo que pagas es el tipo de interés que te aplica el banco. Y lo que ganas, la rentabilidad que consigues con esos fondos.

Si hablamos de fondos propios, lo que pagas es el coste de oportunidad (es decir, lo que podrías ganar si utilizaras ese dinero para otra cosa; por ejemplo, para invertirlo en comprar acciones del Banco Santander) y lo que ganas la rentabilidad de tu negocio.

Recuerda, porque es muy importante: lo que pagas no puede ser más de lo que ganas.

Sencillo pero eficaz.

7 .- GESTIONAR MAL TU NIVEL DE ENDEUDAMIENTO Y LIQUIDEZ.

Si pides dinero a corto plazo para pagar cosas a largo plazo (es decir, si pides por ejemplo una línea de crédito para pagar una inversión), o para comprar existencias, es muy probable que tu negocio acabe en la ruina.

Y te lo digo de verdad. Por experiencia.

Es muy importante que tengas en cuenta tu capacidad real de venta, sin triunfalismos y que utilices los ingresos corrientes para pagar gastos corrientes. Igual que no deberías realizar grandes inversiones endeudándote sino utilizando tus recursos.

Los que genera tu negocio año a año: reinvirtiendo tus beneficios en tu negocio.

La vida está compuesta de ciclos y los negocios también. Caben muchas posibilidades de que pases temporadas de flacas vacas, para las que necesitas manejar un fondo de emergencia que te permita superar estos períodos. Por eso es tan importante tener controlado tu nivel de endeudamiento, porque el banco siempre te va a pedir que pagues.

Te voy a contar un secreto. En el mercado de productos terminados suele ocurrir algo muy parecido a lo que pasa en el mercado bursátil: los más listos, que ven a tiempo la llegada de la recesión o caída de la demanda, venden cuanto antes sus existencias y cancelan sus deudas con esas ventas. Y los más rezagados se quedan con el *stock* y las deudas. Se comen el marrón, vaya.

Estos serían los errores principales. Ahora, una vez que los has interiorizado vamos a hablar de herramientas que son utilizadas en la disciplina del control de gestión para monitorizar y optimizar la cuenta de resultados. Voy a poner en tus manos nueve herramientas que vas a poder aplicar en tu negocio desde el día 1.Te garantizo que no te vas a aburrir.

CAPÍTULO 10. BUSCA TU PUNTO DE EQUILIBRIO

Siempre me han dejado con la boca abierta los equilibristas. Por el control absoluto de su cuerpo, de sus sentidos.

Yo soy un auténtico palo. Nunca he tenido ninguna flexibilidad y mi equilibrio digamos que me sirve para estar de pie y no caerme. Pero para poco más.

Por eso siempre que veo a un equilibrista haciendo algo me quedo atónito.

Saben, exactamente, cómo colocarse para no caerse. Dónde tiene que colocar su centro de gravedad para mantenerse en equilibrio.

Para sobrevivir.

¿Te suena Break Even?

No es la última serie americana de moda. No.

Y seguro que si lo fuera no lo sabrías porque estoy convencido de que tu tiempo es como el mío, muy limitado y dedicas muy, pero que muy poco tiempo a ver la tele.

El término recibe otros nombre también que seguro te suenan un poco más: Punto Muerto, Umbral de Rentabilidad o Punto de Equilibrio.

Ahí está el quid de la cuestión: el punto de equilibrio.

El punto en el cual no te caes.

El punto en el que sobrevives.

¿Y cuándo alcanzas este punto de equilibrio en tu negocio?

Cuando tus costes totales igualan a tus cifra de ventas. Es decir, cuando tu beneficio es cero.

Es un momento mágico porque, a partir de ese momento, todos los ingresos que generas empiezan a hacer crecer tu patrimonio. Ni más ni menos. Es el momento en el que, realmente, comienzas a ganar dinero.

¿Por qué es una herramienta tan valiosa para ti el Punto de Equilibrio de tu negocio?

Porque sabiendo donde está este punto sabrás, de primera mano, si tu negocio está yendo bien o si, por el contrario, tienes que actuar.

Te lo aclaro con un ejemplo.

Imagina que tus gastos totales son de 1000 euros al mes.

Y que vendes un producto de 10€.

Entonces sabes que una vez que hayas vendido 100 productos, ya has alcanzado tu punto de equilibrio. Y ya puedes respirar.

Y por el contrario, también sabes que si a mitad de mes llevas vendidos tan solo 25 productos, pues que lo llevas jodido.

¿Qué te puede suceder si no conoces el punto muerto de tu negocio?

Se pueden dar dos circunstancias:

En el peor de los casos es posible que estés perdiendo dinero mes a mes con tu negocio y que no te estés dando cuenta. Y que estés construyendo un agujero del que te va a ser muy difícil salir.

En el mejor de los casos es posible que no estés aprovechando las oportunidades que te permite saber que has cruzado el umbral de rentabilidad. ¿Por qué? Porque si ya has cubierto costes, estás en una situación ventajosa para poder ofrecer descuentos especiales. Tus costes fijos ya están cubiertos y cuanto más vendas más se van a diluir por lo que puedes atacar a la competencia con una reducción de precios puntual.

¿Y cómo calculas el punto de muerto de tu negocio?

La fórmula sería la siguiente: Punto Muerto = CF / (PV - a)

Donde:

- Punto Muerto: nº de unidades producidas y vendidas para que el Beneficio sea igual a cero
- CF: costes fijos
- PV: precio de venta unitario del producto
- a: coste variable unitario

Como ves la fórmula no es para nada complicada de despejar siempre que tengas un sistema de control de gestión profesional que te permita conocer estas variables.

Sin embargo, por si no es tu caso y no lo tienes, te ofrezco una forma más rudimentaria pero que te puede ayudar a dar un primer paso. Calcula todos los costes de tu negocio al mes. Ve sumándolos uno a uno hasta que los tengas todos completados.

Ese es tu punto muerto en €. Ahora tu objetivo es alcanzar esa cifra de ventas sí o sí.

A muerte con ella.

No es la forma más profesional, ni tampoco la más técnica, pero es un primer paso para garantizar la rentabilidad de tu negocio.

Ahora ya conoces tu punto de equilibrio y si no lo conoces sabes cómo calcularlo. A qué esperas para alcanzarlo.

¡¡A vender!!

CAPÍTULO 11. ANÁLISIS DE ESCENARIOS O CÓMO CONOCER LA RENTABILIDAD DE ALGO ANTES DE LANZARLO

Nos pasa a todas las personas. Seguro que a ti también

Trabajas mucho definiendo un nuevo lanzamiento. Bien sea de un nuevo producto, o un nuevo servicio, o incluso un nuevo negocio.

Quieres crecer y por eso pruebas con nuevas cosas. Sin embargo después ves que las cosas no han salido como pensabas.

Y te arrepientes de haberlo hecho porque has perdido dos cosas:

- tiempo.
- dinero.

E incluso yo diría que has perdido una más: un puntito de ilusión.

Y las preguntas que te hago son...

¿Por qué no lo has evitado?

¿Por qué no paraste antes de lanzarlo?

O dicho de otro modo, ¿qué puedes hacer para conocer la rentabilidad de algo antes de lanzarlo?

¿De qué estamos hablando?

Te voy a poner otro ejemplo. Imagina que quieres montar una tienda de camisetas. Quieres volver a poner los "tois" de moda, y crees que te vas a forrar.

Localizas a tu diseñador a base de contactar con distintos profesionales en elance.com y consigues cerrar unas condiciones con él después de no pocas charlas.

Tras reflexionar en torno a diversos aspectos, montas una tienda *on line* basada en los modelos de *SaaS (software as a service)* construyéndola desde cero.

También encuentras dónde comprar las camisetas y a quien las imprima. Aún después de tratar con unos cuantos fabricantes a lo largo de dos meses.

Lanzas la primera tanda de camisetas, pasan seis meses y te va estupendamente. Mucho mejor de lo que habías pensado. Vendes las cinco mil camisetas que has fabricado y piensas para ti: "Me voy a forrar"

Y, sin embargo, vas a tu cuenta corriente y ves mil euros.

Seis meses de trabajo. Mil euros de caja a final del proceso.

Las camisetas te cuestan 10€ por prenda, el envío 5€ por prenda. Pensabas ganar 5€ por prenda, lo cual multiplicado por 5.000 camisetas son 25.000€.

Where is the money?

¿Qué es lo que ha pasado realmente? Que no has realizado una simulación antes de lanzarte. Una simulación, sobre el papel, que te hubiera permitido detectar:

– Que no has tenido en cuenta todos los costes. Te falta considerar los costes de los diseños, del packaging, de la página web, de las devoluciones de tallas, tus horas de trabajo, la luz del local donde has estado empaquetando...

– Que tampoco has valorado los impuestos: IVA, IRPF (o sociedades).

Y lo más importante de todo: que con el precio que estás fijando a las camisetas y las camisetas que tienes previsto vender, NO TE VAS A HACER RICO EN LA VIDA. NI AUNQUE VENDAS 100.000 CAMISETAS.

Amigo mío... ¿Qué es lo que puedes hacer para solucionarlo? Análisis de Escenarios

Excel es un maravilloso aliado y te ofrece la posibilidad de hacer tablas que calculan diferentes resultados introduciendo distintas variables que te permiten simular infinitos escenarios. Y de eso se trata, de simular al menos tres escenarios:

- **El optimista.** El mejor escenario posible sería aquél en que lo vendieras todo, donde no tuvieras ningún coste extraordinario y sin devoluciones. El escenario de los Mundos de Yupi, vaya.

- **El pesimista:** El peor escenario. Todo te sale mal. El infierno.
- **El medio:** Ni uno ni otro. La campana de la distribución normal. Donde se supone que deberías estar.

Ahora que tienes los tres escenarios, detente y piensa:

En el mejor escenario.

¿Te forras? Si no te forras ¿qué tendrías que hacer para forrarte? ¿Es viable hacer eso que te haría falta hacer para forrarte?

Entonces cambia esa variable y vuelve a rular el modelo a ver lo que sale. ¿Te forras ahora? Sí. Estupendo. No, vuelve al apartado anterior.

En el peor escenario.

¿Te arruinas? ¿Qué puedes hacer para no arruinarte? ¿Cómo puedes evitarlo? ¿Qué tendrías que cambiar en tu oferta para que no te pasara?

Modifica las variables que hacen que te arruines y vuelve a rular el modelo. ¿Te arruinas ahora? No. Estupendo. Sí, vuelve al apartado anterior.

En el escenario medio.

¿Es suficiente lo que ganas como para estar alegre? ¿Está pagado tu esfuerzo, tu trabajo, tu dedicación?

Una vez planteados estos tres escenarios con variables realistas (con esto quiero decir que si para que el escenario medio te salga bien tienes que vender dos millones de camisetas, pues hombre, no parece muy realista) significa que tus riesgos están acotados (y estás dispuesto a asumirlos) y que tienes una meta en la cabeza (porque el resultado de verdad merece la pena)

No hay nada peor que alcanzar tu objetivo y que resulte que no era lo que pensabas. No hay nada peor que encontrar el cofre del tesoro y ver que está vacío.

La herramienta de Análisis de Escenarios hace que el cofre siempre esté lleno, porque en caso de que se encuentre vacío te avisa y evita que pierdas tiempo en buscarlo.

CAPÍTULO 12. LA IMPORTANCIA DE LA SENSIBILIDAD

Una persona sensible, según una de las definiciones del diccionario, "es aquella a la que es fácil herir".

Eres sensible a una variable si cambios en ésta te afectan de alguna forma.

Las personas fotosensibles se ven afectadas por la luz.

Ya sabes de qué manera incide el polen en las personas alérgicas.

Pues bien, los negocios también son sensibles.

Y es algo imprescindible para ti conocer la sensibilidad de tu negocio a determinadas variables, sobre todo de cara a una negociación con algún cliente o con algún proveedor puesto que puede darte la información suficiente para saber en qué puedes ceder y en qué no debes hacerlo.

Y te lo explico con un ejemplo.

Imagina que fabricas bolsos. Cada bolso que produces está compuesto de tres tipos de material, piel, tela y bisutería. Aproximadamente en un 70% es tela, el 20% piel y el 10% restante, bisutería.

Para simplificar la explicación suponemos que tienes un mismo proveedor y estás negociando los precios de los tres materiales para el año que viene.

Sabes que el proveedor quiere subir los precios de dos de ellos y reducir -en el mismo porcentaje- el precio de uno.

¿Qué intentarías conseguir?

No me digas que reducir los tres precios porque esa es la respuesta fácil y no vale.

Partimos de que tienes que subir dos precios y reducir uno.

Ya lo has visto, ¿verdad?

Por supuesto, intentarías reducir el precio de la tela.

¿Por qué?

Porque la mayor parte de tu producto está hecho de tela. Eso quiere decir que una reducción en ese precio va a hacer que tu margen sea mayor, aun cuando te incrementen el precio de los otros dos materiales.

Tu rentabilidad es mucho más sensible al precio de la tela que al de la piel y la bisutería.

Acabas de hacer un análisis de sensibilidad.

¿Cuándo se utiliza esta herramienta?

Cuando se quiere conocer qué variables son las que más afectan a un determinado indicador y de esta forma saber sobre qué hay que poner una atención específica.

Es un proceso imprescindible para ir a una negociación bien sea con un proveedor o con un cliente.

Debe realizarse siempre antes de esa negociación.

La forma operativa de realizar un análisis de sensibilidad es hacer múltiples simulaciones de las distintas variables que estemos introduciendo en el modelo, para, así, conocer cómo afectan las modificaciones en una de las variables sobre los resultados del modelo.

Seguramente sea algo que ya haces inconscientemente, antes de la reunión, cuando vas en el coche a reunirte con tu cliente o cuando la estás preparando.

Además estarás barajando los distintos escenarios que se van dar en esa reunión (y ya habrás preparado un Análisis de Escenarios, por supuesto) y con seguridad habrás contemplado aquellos puntos en los que te tienen bien pillado y aquellos en los que tú les tienes pillados a ellos.

Pues bien, ese es un análisis de sensibilidad. Tosco, pero lo es.

Lo que te propongo ahora es que vayas un paso más allá.

Te sugiero que te plantees no volver a entrar en una negociación sin saber dos cosas:

1. Qué variables están en juego.
2. Qué sensibilidad tienes frente a esas variables.

Con esta preparación estarás en disposición de ceder en asuntos que realmente no son importantes para ti (porque eres poco sensible a ellos) y sin embargo conseguir cesiones en las cruciales para ti

Cuanto más consciente seas de tu sensibilidad más probabilidad tendrás de alcanzar un acuerdo provechoso para ti. Cuanto menos lo seas, más posibilidades tendrás de perder.

Y fíjate que podría darse la circunstancia de que, por no conocerlo, salgas de una negociación en una situación peor para las dos partes.

Me explico... Volvemos al caso del bolso de piel. Ya hemos dicho que eres muy sensible a los cambios de precio de la tela. Ahora imagina que tu proveedor, por lo que sea, es muy sensible a los cambios de los precios de la bisutería. E imagina que ninguno sabéis nada acerca de vuestra sensibilidad.

Podríais, perfectamente, llegar al acuerdo de reducir el precio de la bisutería y subir los otros dos. Y si alcanzáis este acuerdo, ambos perdéis.

Mientras que hubierais elegido reducir el precio de la tela ambos ganaríais (tu proveedor porque es más sensible a la bisutería y tú porque lo eres a la tela)

Ahora ya queda en tu mano.

Tener en cuenta la sensibilidad es importante en el ámbito de las relaciones personales.

Pero a nivel empresarial es una herramienta imprescindible.

CAPÍTULO 13. TE INTERESA O NO REALIZAR UNA INVERSIÓN

¿Cuántas veces has comprado algo para tu negocio y a los dos meses te has arrepentido porque no lo utilizas?

El balance de una empresa (o dicho de otra forma la composición de tus activos) es algo a lo que hay que prestar mucha atención.

Los activos de tu empresa son todos aquellos bienes que generan valor para tu negocio. Es decir, son los que hacen que tu negocio valga cada vez más y que, por tanto, tu patrimonio se incremente.

Si incorporas en tu balance activos que no generan valor para tu negocio lo único que consigues es hacer tu Patrimonio Neto más pequeño.

Tan sencillo como esto. Y tan importante, por supuesto.

Cuando una empresa decide acometer una inversión se hace tres preguntas fundamentales:

- Cuánto dinero voy a ganar con esta inversión.
- Invirtiendo en este activo, ¿tengo más o menos rentabilidad que si invierto en otra cosa?
- Cuánto tiempo voy a tardar en recuperar esta inversión.

Y, claro, existe una respuesta para cada uno de estos tres interrogantes.

¿CUÁNTO DINERO VOY A GANAR CON ESTA INVERSIÓN?

Estoy convencido de que sabes que el dinero de hoy no vale lo mismo que el dinero de dentro de un año, ¿a que sí?

Te lo digo de otra forma: ¿cuándo prefieres que te dé 10.000 euros? ¿Hoy o dentro de un año?

La respuesta es clara.

Pero profundicemos, ¿por qué lo prefieres ahora?

Muy sencillo, porque si te doy el dinero ahora puedes meterlo en un banco y dentro de un año, tendrías los 10.000 euros más los intereses. Pongamos 100 euros de intereses.

Luego, entonces, aplicando este razonamiento 10.000 euros hoy son lo mismo que 10.100 euros dentro de un año.

Lo has pillado ¿verdad?

Pues ahora le damos la vuelta...

Si llegamos al acuerdo de que te voy a pagar 10.000 euros, dentro de un año, ¿cuánto dinero te tendría que dar si me pides que, en lugar de entregártelo dentro de doce meses te lo dé ahora (pongamos que yo soy capaz de ganar un 10% con el dinero en mi bolsillo)?

Te lo digo: yo te daría 9.000 euros.

¿Por qué?

Porque si soy capaz de generar un 10% de rentabilidad utilizando ese capital, darte 10.000 euros ahora significa que dejo de ganar 1.000 euros, luego esos 1.000 te los descuento del dinero que te voy a adelantar.

¿Lo pillas?

Por eso el dinero de hoy no vale lo mismo que el de dentro de un año.

Cuando acometes una inversión es muy importante saber cuándo vas a efectuar los pagos de esa inversión y por supuesto, cuándo vas a recibir los beneficios asociados a la misma.

Te lo aclaro con un ejemplo (simplificado)

Imagina que compras una máquina que te cuesta 900 € y te permite ganar 1.000 € dentro de dos años. Es decir, hoy sueltas 900 € y dentro de dos años recibes 1.000 €. Ahora supón que en tu negocio eres capaz de ganar un 10% anual.

¿Cuál sería la representación de tus flujos de caja futuros?

Año cero: -900 €

Año uno: 0 €

Año dos: +1.000 €

¿Y la suma de todos ellos? +100 euros. Parece que sale a cuenta comprar la máquina, ¿no?

Sin embargo, ¿qué pasa si introducimos la variable del valor del dinero en el tiempo y representamos los mismos flujos?

Año cero: -900 €

Año uno: 0 € (= 0/(1+10%))

Año dos: + 826 € (=1000/[(1+10%)^2])

¿Cuál sería la suma de todos ellos? -74 euros.

Estás perdiendo dinero. No te interesa hacer esa inversión

Vaya, vaya, vaya.

Las cosas han cambiado verdad.

Esta herramienta es lo que los financieros llamamos el VAN (Valor Actual Neto) o, en inglés, el NPV (*Net Present Value*) y lo que intenta es ir un paso más allá reflejando el paso del tiempo en el cálculo del beneficio de una inversión.

INVIRTIENDO EN ESTE ACTIVO ¿TENGO MÁS O MENOS RENTABILIDAD QUE SI LO HAGO EN OTRO?

Ya respondimos a la pregunta de cómo saber cuánto dinero ganas con tu inversión. Pero no es sólo esto lo importante.

Cuando estás tomando una decisión de inversión tienes que prestar mucha atención al dinero que te deja esa inversión pero, también, y casi cobra más relevancia -ahora- con tantas posibilidades de inversión a tu alcance, la rentabilidad que va a generar ese activo en tu negocio.

Si se te plantea la elección entre dos activos una opción muy lógica es inclinarse por aquel que tiene un mayor VAN, es decir, aquel que te deja más dinero.

Sin embargo no siempre ésta es la mejor opción porque es posible que otra inversión con menor coste te deje una mayor rentabilidad y, por tanto, te salga más a cuenta elegir otro activo.

Para solucionar este dilema vamos a hablar de otra herramienta profesional, el IRR.

Imagina que te propongo dos inversiones con la misma tasa de descuento (10%)

La primera:

Año cero: -1.000 €

Año uno: +1.000 €

Año dos: +1.000 €

Ya sabes calcular el Valor Actual Neto: 736 €

Y la segunda inversión:

Año cero: -400 €

Año uno: +500 €

Año dos: +500 €

También sabes calcular el Valor Actual Neto: 468€

Si sólo aplicamos la regla del Valor Actual Neto elegiríamos la primera inversión porque nos deja más dinero.

Sin embargo... ¿Es la que más rentabilidad nos proporciona?

Para eso utilizamos el IRR (*Investment Return Rate*) o TIR (Tasa Interna de Retorno)

La definición de esta herramienta es muy sencilla: la tasa de descuento que habría que aplicar para que la inversión tenga un Valor Actual igual a Cero.

Si aplico esta definición a las inversiones de arriba la tasa de descuento que hace que el VAN de la primera inversión sea cero es de 62%, y el de la segunda es del 91%.

La segunda inversión es mejor, porque con menos dinero consigo más rentabilidad.

Incorporamos un segundo criterio por tanto a nuestro método para elegir una inversión:

Criterio 1: debe tener un valor actual neto mayor que cero (porque, si no, no merece la pena invertir dinero)

Criterio 2: entre distintas inversiones, elegiremos la inversión con una mayor tasa interna de retorno.

Ya tienes dos herramientas propias de un profesional de las inversiones, el VAN (NPV en inglés) y el TIR (IRR en inglés).

Vamos a por la tercera.

CUÁNTO TIEMPO VOY A TARDAR EN RECUPERAR ESTA INVERSIÓN.

Es una variable muy importante, tanto que algunos profesionales únicamente se guían por este criterio para decidir si acometen una inversión.

¿Por qué?

Pues, en primer lugar, porque es un método muy sencillo. La cuenta es rápida...

Te pongo un ejemplo con una inversión que te genera este flujo de caja:

Año cero: -1.000€ (compras la máquina)

Año uno: +1.000€

Año dos: +1.000€

¿Cuánto tiempo tardas en recuperar esa inversión? O lo que es lo mismo ¿cuál es su payback?

Un año.

¿Por qué?

Porque un año después de haber invertido mil euros has recuperado tu inversión.

Como ves es una herramienta que te permite evaluar dos inversiones de forma muy sencilla. Además también es muy válida si lo que estás buscando es retirarte rápido de un negocio.

Imagina que te estás planteando colaborar con alguien y te pide que asumas una determinada inversión para hacerte con una cartera de clientes.

Una forma muy rápida de evaluar la inversión es calcular en cuánto tiempo recuperas esa inversión gracias a los ingresos que te van a generar esos nuevos clientes.

Como ves es sencillo.

Pero tiene dos inconvenientes principales...

1. Que no considera las rentas que se generan una vez que ya has recuperado la inversión. Claro, sólo cuentas hasta que lo recuperas y nada más.
2. No tiene en cuenta el valor del dinero en el tiempo.

Pero claro...

Tú ya sabes cómo solucionar ese problema.

Ya sabes cómo incorporar esos dos criterios en tu toma de decisión porque conoces el TIR y el VAN

Por tanto eres totalmente capaz de valorar una inversión.

Estás totalmente capacitado para decidir si el desembolso que te está pidiendo un socio es el adecuado.

Tienes las herramientas para hacerlo: VAN, TIR y *Payback*.

CAPÍTULO 14. EVITA QUE HACIENDA MACHAQUE TU CAJA

15 de enero.

15 de abril.

15 de julio.

15 de octubre.

Llamadita de tu gestor:

_"*¿Me has traído todas las facturas?*

_*No,.. Joder. Tengo unas cuantas que no te las he subido. Te las paso por correo electrónico esta tarde. ¿Cuánto me toca pagar?*

_*No te lo puedo decir hasta que me traigas las facturas y hagamos las cuentas, pero vamos, prepara la cuenta corriente."*

¿Te suena esta conversación?

¿Te gustaría evitar que Hacienda machaque tu caja cada tres meses?

Seguro que sí.

Cuatro veces al año te toca liquidar el IVA y el IRPF.

¿Qué significa esto?

Que cuatro veces al año tienes que darle a Hacienda parte del pastel.

Parte de tu pastel.

¿O no?

¿De quién es el pastel?

El IRPF es un impuesto sobre tus rentas. Sobre lo que vas ganando vaya. Es decir, es un trozo de tu pastel que le tienes que dar a tu socio. A Hacienda. Si ganas dinero, parte de ese dinero es para tu socio.

El IVA es distinto...

El IVA es un impuesto que grava al consumidor final. Eso quiere decir que cuando estás cobrando el IVA estás haciendo de recaudador de impuestos para tu socio, para Hacienda. Estás recogiendo su dinero por él y cada tres meses se lo tienes que dar.

Pero es TU pastel. Es SU pastel.

Este flujo es algo que sí o sí sucede año a año. Siempre tienes que pasar por estas liquidaciones.

Entonces...

¿Por qué no te has preparado para ello?

Vamos a ver...

Hagamos un ejercicio rápido.

¿Qué necesitamos tener en cuenta para liquidar el IRPF?

Conocer tus ingresos, tus gastos y aplicarles un porcentaje. Vaya, no parece algo complicado si tienes lo que vendes y lo que compras.

¿Y qué necesitamos para liquidar tu IVA?

Controlar qué has pagado con IVA y qué has cobrado con IVA. La diferencia entre ambos es lo que devolverás a Hacienda.

Es decir, para poder saber qué vas a tener que liquidar a Hacienda tan sólo necesitas llevar un control de tus ingresos y tus gastos.

Ni más ni menos.

¿Y si quieres anticiparte más?

Entonces es tan sencillo como hacer un presupuesto a doce meses en el que identifiques estas cantidades. ¿Tu negocio cambia tanto año tras año para no ser capaz de estimar un año tomando como base lo que sucedió el anterior?

Bien saben los inversores que rentabilidades pasadas no aseguran rentabilidades futuras. Pero es tu negocio. ¿Quién lo conoce mejor que tú?

¿O es que tú no lo conoces lo suficiente?

Te propongo una herramienta más: presupuesto de caja.

Lo primero, ten en cuenta que hablo de un presupuesto de caja. No sólo un presupuesto de tu resultado. Porque es posible que tengas un resultado positivo y una caja negativa. Y, si estás en esa situación, o pones remedio o vas de cabeza al hoyo.

Una vez dicho esto imagina que tienes un presupuesto de este tipo. Que has estimado tus ingresos, tus gastos y tu IVA e IRPF.

Entonces sabes lo que te va a tocar liquidar trimestre a trimestre. Y esto significa que puedes prepararte para ello. Puedes tomar decisiones porque tienes información mucho antes.

¿Qué es lo que te sucede habitualmente?

Si todo va rápido tu gestor te llama para decir que tienes que pagar 3.000 euros en menos de diez días.

Y tu caja está seca.

O bien pides una nueva línea de crédito o bien negocias un aplazamiento.

En ambos casos te toca pagar más gastos financieros. Y no sueltas 3.000 euros, apoquinas más.

Ahora imagina que eres capaz de tener la información antes...

Puedes ir preparándote. Puedes tomar decisiones que te permitan realizar esos pagos sin problemas porque cuentas con más tiempo. Por ejemplo lanzar campañas para conseguir más ingresos o atajar los costes con el objetivo de conseguir la liquidez que te permita hacer frente a tus obligaciones con Hacienda.

Contar con tiempo siempre es importante. Las soluciones siempre son mejores si tienes más tiempo para tomarlas.

Ahora te pregunto: ¿perteneces al grupo de las personas que cada tres meses se llevan sustos, como en Halloween, o eres de las que tienen en la cabeza más o menos lo que van a tener que pagar y lo tienen preparado en una caja?

Con una herramienta como el presupuesto de caja no volverás a tenerle miedo a Hacienda (más del habitual quiero decir)

CAPÍTULO 15. TU INFORMACIÓN ES TU PODER

La información es poder

Esto no es algo que te pille de nuevas, estoy convencido de que has oído esta frase más veces.

En el Telediario.

En las películas.

Pero,.. ¿Realmente te has dado cuenta que la información es poder para tu negocio?

Trabajo con bastantes personas que están a cargo de su propio negocio, les va muy bien y van incrementando cifras de facturación año a año.

Lo sé porque me pasan esa información.

Sin embargo, cuando les pido un paso un poco más allá es cuando nos tropezamos con las dificultades. Y eso sucede cuando les pregunto acerca de cuál es el volumen medio de productos que venden al mes, cuando les pregunto cuál es el ingreso medio por producto, cuando les pregunto acerca de su coste medio por producto o por su margen unitario.

Volumetrías, costes e ingresos unitarios, márgenes.

Son imprescindibles para conocer la situación real de un negocio y sin embargo, aunque todos podemos estar de acuerdo en esto, la realidad nos dice que solo una pequeña parte de los negocios tienen esta información.

Y lo que es peor.

Que un porcentaje aún más pequeño realiza un seguimiento y pone foco en su evolución.

Todos sabemos que la información es poder.

Pero casi nadie es capaz de consolidar todos sus datos, toda su información y hacer que ese poder se ponga de su lado para ayudarle a tomar decisiones.

Cuando hablo con personas con negocios como el tuyo y les pregunto acerca de esta información normalmente me remiten a la información que le pasan a su asesoría fiscal. Y consideran que, con eso, es suficiente...

Gran error.

Una cosa es pagar impuestos y hacer contabilidad. Hay que hacerlo, no queda más remedio.

Otra cosa bien distinta es interpretar todo ese volumen de datos y convertirlo en información útil. En información que puedas aplicar en tu día a día.

Esto es otra historia.

Y tu asesoría no te va ayudar en eso porque no sabe cómo hacerlo.

Y te lo digo con toda la sinceridad del mundo y teniendo varios amigos que son grandes gestores.

Pero se dedican a eso. A llevarte la información contable y a hacer tus declaraciones de impuestos. No se dedican a analizar tus datos.No se dedican a extraer información útil para ti que podría ayudarte a no cometer los mismos errores.

Si no tienes datos... Malo.

Si tienes datos pero no los agrupas para generar información útil...Malo también.

Día a día estás generando información por tus interacciones con tus clientes. Y esta información es vital porque te permite acumular una experiencia que te será de mucha utilidad en transacciones futuras. Pero claro, únicamente, si eres consciente de ello y almacenas esta información y la empleas.

¿Y cómo usar la información que genera mi negocio sin perder tiempo?

De una forma muy sencilla, construyendo tu propio CRM (*Customer Relationship Management* casero) en tres pasos.

PASO 1:

Completa la información que le pasas a tu asesoría con información relevante para ti. A tu asesoría le interesa la base imponible, los datos fiscales del cliente, el IVA e IRPF aplicado. Completa esta información con conceptos como:

- Correo electrónico del cliente.
- Tipo de producto que estás vendiendo. (servicio/formación/tarea/pack/libro)
- Coste de ese producto.
- Unidades vendidas de ese producto para ese cliente.
- Fecha de la transacción.
- Trimestre de la transacción.

PASO 2:

Organiza esa información en formato Excel de forma que, en cada línea, tengas una transacción y en cada columna, uno de tus campos.

*Nota: el Excel es una herramienta muy poderosa. Si no lo sabes utilizar tienes que empezar a ponerte las pilas, te lo digo de corazón.

PASO 3:

Agrupa la información de la forma que más te interese. Por fecha, tipo de producto, cliente. En gráficos, en tablas dinámicas. De la forma que más rápido puedas acceder al contenido realmente importante. A la visión agregada de todos estos datos.

La información es poder.

Te lo repito de nuevo.

La información es poder.

No procrastines en generar una fuente de información para tu negocio con la que puedas establecer métricas, porque cada día que dejas de hacerlo son menos euros para tu negocio.

CAPÍTULO 16. CLARIFICA TU MODELO DE NEGOCIO

Existen muchas personas con microempresas ahí fuera que no conocen su negocio. Creen que sí, pero no lo conocen.

Existen nueve aspectos fundamentales que determinan un negocio. Y habitualmente estos nueve bloques son ignorados por la mayor parte de las microempresas.

Te voy a llevar de la mano a través de estos bloques.

Seguro que has oído hablar antes de alguno de ellos, quizás incluso de todos a la vez puesto que son la base del trabajo de Tim Clark en su libro Tu Modelo de Negocio.

Antes de comenzar quiero que prestes atención a esta definición de Negocio, que encierra los nueves bloques. A partir de esta definición iremos avanzando:

Un negocio atiende a clientes creando valor a través de diferentes canales y estableciendo relaciones con ellos y con sus proveedores para generar ingresos controlando sus costes y usando recursos en actividades clave.

1.-PROPUESTA DE VALOR: ¿QUÉ VOY A CREAR Y PARA QUÉ?

El comienzo de todo. La única razón por la que una persona va a querer comprarte algo. ¿Qué le vas a proporcionar? ¿Vas a solucionar alguno de sus problemas?

Imagina que tu cliente quiere hacer cuentas más rápido. Tu producto sería una calculadora que lo hace posible.

¿O por el contrario vas a satisfacer una de sus necesidades?

Supón que tu cliente quiere conocer gente para salir. Entonces tu producto sería algo como Meetic

No es lo mismo un problema que una necesidad.

Un problema es resuelto. Una necesidad es satisfecha.

Si encuentras un producto para satisfacer necesidades en lugar de resolver problemas, mucho mejor porque tu público objetivo será mucho mayor.

2.- CLIENTES: ¿QUIÉNES SON Y POR QUÉ NOS COMPRAN?

Quiero dejarte clara una cosa, nosotros estamos para nuestros clientes y no al revés. Esto es algo que se nos olvida muy a menudo.

Debemos conocerlos para satisfacer mejor sus necesidades. Y esto pasa, primero, por escucharles y, segundo, por prestarles atención. Algo que, en ocasiones, no recordamos.

Pero ojo, hemos de tener cuidado con el gran error de cualquier microempresa.

Ese error que, seguro, has cometido tú.

Te pongo un ejemplo: eres una diseñadora. Tienes un cliente que te dijo lo que necesitaba inicialmente. Le presentaste una opción. No le gustó y varió alguna de sus peticiones. Le vuelves a presentar otra opción y vuelve a cambiar. Le vuelves a presentar y vuelve a cambiar...

Esto NO ES UN CLIENTE. Es un ladrón de tiempo.

Debemos conocer a nuestros clientes y prestarles atención. Por supuesto que sí pero, también, debemos saber distinguir aquellos a los que vas a dar un mejor servicio si les derivas hacia tu competencia. Y hay un truco muy sencillo para saber quiénes son esos clientes.

Hay un libro muy interesante -titulado Blink, Inteligencia Intuitiva- que habla del poder que tenemos para absorber una gran cantidad de información y realizar un diagnóstico de una situación, de una persona, de lo que sea, de forma casi inmediata.

Lo que habitualmente conoces como: "No me da buen *feeling*"

Pues eso. Cuando tienes esa sensación en el cuerpo, sobre todo hacia la zona de la boca del estómago y tienes las seguridad de que con esta persona es mejor no trabajar.

3.- CANALES: ¿CÓMO NUESTRO PRODUCTO LLEGA A NUESTRO CLIENTE?

Antes de los 90 el único canal existente era el físico: ibas a una tienda que disponía de vendedores y punto. No había más canales

Desde entonces el mundo ha cambiado: tenemos internet, tenemos el Smartphone.

Hay infinidad de canales nuevos y de hecho podemos tener nuestros productos o servicios utilizando varios de estos canales.

No por manido el ejemplo, me gustaría que tuvieras como referencia uno de los mejores canales de distribución internacionales -si no el mejor- que conseguía -y consigue- poner el producto en las tiendas en un tiempo récord, lo que le valió la posición que ocupa hoy en el mundo de la moda. Por supuesto estoy hablando de ZARA, que hizo de su canal de distribución una de sus mayores ventajas competitivas.

4.- RELACIÓN CON NUESTROS CLIENTES

Asunto estrechamente relacionado con los tres anteriores.

Un cliente nace, se mantiene y crece.

A un cliente primero lo captas. Consigues que te haga una compra, por pequeña que sea.

Después lo fidelizas -a ese cliente le gustas- y te compra más veces.

Y, finalmente, lo haces crecer. Claro, le vas ofreciendo distintos productos con la idea de que puedas satisfacer más necesidades o resolverle más problemas.

Y esta relación varía en función de:

- El cliente. A algunos clientes les gusta que les ayudes a crecer. Otros prefieren que les dejes en paz.
- Tu propuesta de valor. Hay algunos productos en los que puedes incrementar las gamas o la calidad y, con eso, conseguir hacer que tu cliente vaya evolucionando. Con otros productos no puedes hacerlo.

- Tus canales. No es lo mismo fidelizar a un cliente en tu librería de barrio que en internet. A tu cliente de barrio es muy probable que tu amabilidad le conquiste. Sin embargo, por internet, casi seguro, querrá un servicio rápido y sin problemas en los envíos.

5.- FUENTES DE INGRESOS

No es tan sencillo como cobrar por vender tus productos o servicios.

El concepto de tus fuentes de ingresos es mucho más complejo porque trata acerca de cómo generas ingresos a partir de tu producto o servicio.

¿Vendes tus productos?

¿Los regalas con la intención de que luego el cliente pruebe una opción no gratuita?

¿Ofreces un modelo de suscripción?

No es lo mismo un mero intercambio de un producto por un importe que todo lo que hay detrás de ese concepto. Es decir, la elección consciente de que quieres utilizar ese modelo de negocio en lugar de otro.

Y te pongo un ejemplo con el que lo vas a entender rápidamente.

Hasta ahora cuando comprabas unas gafas tú ibas a la óptica, te graduaban la vista, te daban las lentes y pagabas. Se acabó la transacción.

Pues esto ha cambiado porque, a Alain Afflelou se le ha ocurrido crear una tarifa plana para gafas. Sí. Como el ADSL.

Ha cambiado su forma de generar ingresos.

6.- RECURSOS CLAVE

Todo el mundo necesita algo para poder ofrecer su propuesta de valor.

Yo ahora mismo estoy utilizando:

- Ordenador.
- Sitio donde estar sentado.

- Electricidad.
- Conexión a internet.
- Gafas para poder ver lo que estoy escribiendo.
- Mi experiencia.

Todos estos recursos son necesarios, imprescindibles para poder escribir. Por supuesto, también podría tener

- Habitación en hotel de negocios situado en el centro de Barcelona.
- Silla completamente ergonómica forrada en piel con remates en platino
- Balneario a la salida para relajar la espalda

Pero no es tan imprescindible para escribir este libro. Al menos, de momento.

Conozco cuáles son mis recursos claves. Lo que sí o sí necesito para llevar mi propuesta de valor hasta mis clientes.

Cada negocio tiene sus propios recursos clave. Te pongo unos ejemplos:

- Fábrica de coches: cadena de producción
- Empresa de transporte: furgonetas
- Empresa de *software*: programadores
- Páginas Amarillas: listado de clientes

7.- SOCIOS Y PROVEEDORES CLAVE

Un bar no funciona si no tiene un buen proveedor de cerveza.

Imposible.

El serpentín tiene que estar a punto. Las cámaras deben enfriar. La cerveza tiene que ser suministrada a tiempo.

Un negocio necesita conocer sus proveedores clave y establecer relaciones duraderas con ellos en las que ambos ganen.

Win-Win o relaciones cooperativas.

Eso sí. Sin atarse de por vida. Y me explico.

Hay negocios, sobre todo negocios pequeños que sólo por el hecho de no tener que buscar un nuevo proveedor, deciden no hacerlo y permanecer con alguien con quien no están a gusto.

Es como cuando tienes una pareja y decides seguir con ella, aunque no te gusta, porque no sabes si encontrarás a otra.

Esto no es así. Mi pareja es la persona de la que estoy enamorado. Siempre.

Y trabajo con gente con quien me entusiasma hacerlo. Buenos profesionales que se esfuerzan día a día por dar lo mejor.

8.- ACTIVIDADES CLAVE

Hay determinadas actividades de todas las que realizas que son el corazón de tu empresa. Hay otras que las tienes que hacer porque sí, pero no las tendrías ni que hacer tú.

Te pongo un par de ejemplos:

La actividad clave de una diseñadora es hacer un diseño bonito a un cliente. NO contabilizar sus facturas.

Mi actividad clave es conseguir localizar el punto de mejora de mis clientes. NO conocer al detalle la legislación contable.

Conocer tus actividades clave te permite algo todavía más importante: conocer las actividades que no lo son.

Y, conociendo las actividades que no son clave, tienes la puerta abierta a optimizar tus tiempos de ejecución y tu calidad.

9.- ESTRUCTURAS DE COSTE

Por supuesto, cómo no íbamos a hablar de esto...

Me encanta hablar de costes. Es cierto. Porque en sí mismos son apasionantes.

Una estructura de costes es como los planos de un edificio. Te dice cuáles son las fortalezas de la estructura. Sus debilidades. Dónde hace falta reforzar.

Es como leer la historia de un negocio.

Identificar los costes es el primer paso para conocer rentabilidades, márgenes, y a partir de ahí ir completando la foto de tu negocio hasta llegar a saber lo que ganas (o pierdes) por producto. Si te interesa lanzar algo nuevo. Si deberías cambiar las características de algún servicio.

Tienes trabajo por delante.

El lienzo de Modelo de Negocio Canvas es una herramienta muy, muy potente así que coge un papel y un boli y empieza a escribir acerca de tus nueve bloques.

Hasta aquí este bloque.

Ya tienes en tus manos estas nueve herramientas:

1. Punto de Equilibrio.
2. Análisis de Escenarios.
3. Análisis de Sensibilidad.
4. Valor Actual Neto
5. Tasa Interna de Retorno
6. *Payback*
7. Presupuesto de Caja.
8. *Customer Relationship Management* Casero.
9. Modelo de Negocio Canvas

Cada una de ellas te ayudará, en un momento preciso, a tomar decisiones con un fuerte soporte económico-financiero.

BLOQUE III: INDICADORES

¿Te has planteado alguna vez cómo sería la circulación de los vehículos en las ciudades si no hubiera semáforos?

¿Tú qué crees?

Un desastre ¿verdad?.

Unos coches en una dirección mezclados con coches en otra dirección. Totalmente parado en medio de un cruce. Sin poder avanzar en ningún sentido. Y sin poder reaccionar porque ya te has metido de lleno en el atasco.

Los semáforos ayudan a regular el tráfico y utilizando un código de colores universalmente reconocido, te indican si puedes seguir circulando; o si, por el contrario tienes que parar o permanecer atento a algo.

Un sistema sencillo que funciona. Que te da información de forma rápida acerca de una determinada situación.

Eso es un cuadro de indicadores.

Hay dos modos de llevar un negocio, y eres tú quién tienes que decidir cómo prefieres hacerlo. La primera forma de llevar un negocio es la manera en la que gestionan su negocio la mayor parte de las personas. Abren al público, se ponen a vender y así un día tras otro.

Conocen su cifra de ventas, porque es lo que le pone la caja, pero no saben el margen de lo que venden. Y desconocen a quién le venden.

Creen saber cuál es su producto más vendido pero digo creen porque no tienen ningún método de seguimiento, por lo que solo emplean sus percepciones, y las percepciones no siempre son la realidad.

No saben cuál es su punto de equilibrio, siendo este un requisito imprescindible que deberían tener grabado a fuego en su mente.

Esta forma de trabajar tiene, únicamente, dos finales: o bien acaban cerrando su negocio o bien cambian el modelo de gestión. Y no es algo que diga yo:

"Que nadie piense que emprender es un camino de rosas", sentencia el presidente de la Federación Nacional de Asociaciones de Trabajadores Autónomos (ATA), Lorenzo Amor. Más de la mitad de las empresas que se crean no superan los cinco primeros años de andadura. En concreto, el 80% de las pequeñas y medianas empresas fracasan antes de los cinco primeros años y el 90% no llegan a los diez años. ATA también maneja cifras alarmantes: el 50% de los nuevos autónomos que se dan de alta, diariamente, cierran antes de los tres años.

Fuente: http://www.revistatodopyme.es/En-Portada/[PID/732/NewsID/1208]/Lo-m%C3%A1s-enviado.aspx

Y ¿adivinas cuál es una de las principales razones por las cuáles se da esta situación? La falta de profesionalización de la gestión. O, dicho de otra forma, No actuar como gestor de tu negocio sino como un auto empleado.

Un cuadro de indicadores te coloca por encima de esta media del 80%.

Un cuadro de indicadores te ayuda a profesionalizar tu gestión.

Un cuadro de indicadores te ayuda a detectar problemas y a contar con más tiempo para corregirlos.

CAPÍTULO 17. APRENDE A DISEÑAR TU PROPIO CUADRO DE INDICADORES

Ya hemos hablado en el capítulo anterior que un cuadro de indicadores es una herramienta que te ayuda a conocer y monitorizar tu negocio.

Igual que un semáforo es un cuadro de indicadores que te ayuda a saber si tienes que seguir adelante o tienes que parar.

Ahora vamos a hablar de cómo diseñar tu propio cuadro de indicadores, para lo cual tendrás que seguir los siguientes pasos:

PRIMER PASO: TIENES QUE IDENTIFICAR QUÉ VARIABLES QUIERES SEGUIR.

Ojo. Que éste es el punto más importante de todos. La definición de lo que quieres seguir. Y para eso tienes que saber, exactamente, qué es lo más relevante de tu negocio, qué es lo que le mueve directamente.

Te pongo un par de ejemplos en los cuáles la misma variable puede ser muy relevante o, por el contrario, tener un peso insignificante: la comisión por el pago por PayPal.

Imagina que tienes un blog y que sólo vendes servicios a través de él. Un cambio en las condiciones de PayPal afecta, directamente, a tu cuenta de resultados.

Imagina que tienes una librería física y que vendes los libros al contado: un cambio en las condiciones de PayPal ni te va ni te viene.

Es un ejemplo muy sencillo pero demuestra lo que quiero hacerte ver. Debes seleccionar adecuadamente las variables que vas a medir.

Por supuesto, siempre hay algunas que son comodines y que, sí o sí, deberías perseguir:

- Cifra de Ventas.
- Gastos (desglosados entre fijos y variables)
- Unidades vendidas.

SEGUNDO PASO: ESTABLECER UN OBJETIVO MENSUAL PARA CADA UNA DE ESAS VARIABLES.

Es decir, fijarte la meta que quieres alcanzar en cada una de esas variables.

Este objetivo tiene que ser alcanzable, por supuesto pero a la vez ambicioso y sobre todo que encaje con la estrategia a medio y largo plazo de tu negocio (y si todavía no sabes lo que es eso, te aconsejo que lo pienses)

TERCER PASO: MONITORIZAR Y CORREGIR.

Comprobar si has cumplido o no con tus objetivos. Si lo has hecho: palmaditas en la espalda. Si no lo has hecho, analiza qué puedes hacer para conseguirlo en el período siguiente.

CAPÍTULO 18. EMPEZAMOS POR ESTOS TRES INDICADORES

¿Sabes qué es un KPI?

Son las siglas de *Key Performance Indicator*, Indicador Clave de Desempeño.

Es decir, un indicador que puedes utilizar para saber si un determinado proceso funciona bien o no.

Estos indicadores nacen para ver cómo algo va progresando y forman parte del día a día de las empresas en diversas áreas: compras, logística, ventas, servicio al cliente... De hecho las grandes compañías utilizan estos KPIs para saber si las acciones que están llevando a cabo funcionan o no como se esperaba.

Estas mediciones pueden ser financieras o no financieras y ayudan tanto a ver la situación actual como para definir una línea de acción futura, por eso, una vez que un KPI es definido, por narices, hay que implantar un proceso de monitorización.

Un jefe mío decía: "Si quieres que algo mejore, lo primero que tienes que hacer es monitorizarlo". Y tenía toda la razón; de hecho muchas veces, únicamente con monitorizar un KPI, ese indicador ya mejora. Porque se pone el foco sobre él.

Una vez definidos estos KPIs, se suelen reflejar en lo que se conoce como BSC (*Balanced ScoreCard* o Cuadro de Mando Integral), que no deja de ser un tablero en el que se muestran estos indicadores.

Te lo enseño con un ejemplo: si quieres medir la velocidad a la que va tu coche, el indicador serían los Kilómetros por hora y el BSC sería el salpicadero de tu coche que, además de darte el KPI de kilómetros por hora, también te muestra el de la temperatura del motor, el de las revoluciones.

La definición, cálculo y monitorización de los KPIs es una de las tareas que pueden tener más utilidad para un determinado negocio porque consigues varios objetivos:

- Por un lado pones atención en un hecho concreto de tu negocio, y poner el foco siempre implica mejores resultados.
- Por otro lado significa que controlas las variables principales de tu negocio y sabes cuáles tienen más sensibilidad. Es decir, aquellas sobre las que actuando sobre ellas puedes conseguir mejoras relevantes.
- Te permite no solo ver el presente sino anticipar el futuro. Al analizar las tendencias de esos KPIs estarías anticipando dónde estará tu negocio en el futuro.

¿Cuántos KPIs existen?

No lo sé.

Infinitos, diría yo.

Igual que hay procesos infinitos, hay KPIs infinitos. De hecho diría infinito al cuadrado porque seguro que, para seguir un proceso, puedes establecer más de un KPIs.

Y añadiría: todos son relevantes para algo en concreto y ninguno es relevante para todo.

Es decir, no todos los KPIs son útiles para todo y no puedes utilizar un solo KPI para medirlo todo.

Puedo establecer un KPI para medir la salud del aloe vera de mi terraza basado en el tamaño de sus ramas (o tallo, o lo que sea ese brazo con puntas).

Puedo establecer un KPI para medir mi patrimonio basado en el valor nominal de todos mis activos y mis deudas.

Puedo establecer un KPI, para medir el crecimiento de los distribuidores de mi empresa, basado en el número de unidades vendidas por distribuidor y área geográfica.

Puedo establecer un KPI para casi cualquier cosa.

Solo es importante tener algo muy claro:

¿Qué es lo que quieres medir?

Cuando arrancas un negocio prestas atención a mil cosas, sobre todo cuando crece. No estás para ponerte a estudiar un máster en administración y dirección de empresas.

Estás a traer nuevos clientes, a hablar con nuevos proveedores, a implantar nuevos procesos en tu negocio.

Y muchas veces pones el foco en algo crucial: ¿Cómo está creciendo tu negocio?

Por eso te traigo tres variables que has de medir sí o sí. Y que son el primer paso a partir del cual puedes empezar a construir tu BSC. El salpicadero de tu negocio, recuerda.

PRIMERA VARIABLE: PATRIMONIO NETO.

Variable básica del balance de tu empresa. Se calcula valorando todos los activos de tu empresa y restándole las deudas.

Sirve para decir hasta qué punto estás endeudado y ha de ser mayor que cero. Si este indicador es menor que cero, hay que trabajar sobre las deudas.

Se debería monitorizar de forma anual y comprobar su crecimiento año a año.

SEGUNDA VARIABLE: RESULTADO NETO.

Variable básica de la cuenta de resultados de tu empresa. Se calcula restando a tus ventas todos los costes asociados (incluidos costes financieros, costes de amortizaciones y depreciaciones, costes fijos e impuestos).

Sirve para conocer la rentabilidad de tu negocio. Ha de ser mayor que cero y deberías seguirlo de forma mensual.

Si este indicador es menor que cero, entonces debemos analizar, en profundidad, la estructura de tu cuenta de resultados y empezar a extraer otros KPIs que nos digan si el problema está en los ingresos, en los gastos, en Hacienda, en la estructura financiera... Y actuar sobre ellos.

TERCERA VARIABLE: CAJA

Esta es la más sencilla de entender y, en ocasiones, la más complicada de estimar. Se calcula calculando las entradas de caja y restando las salidas de caja. Ni más ni menos.

Es el extracto de tu cuenta bancaria del 1 al 31 de mes.

Debe ser positivo siempre. Y, si no lo es, tendríamos que empezar a revisar la periodicidad de los negativos, las razones que lo originan, la relevancia de los descubiertos, los períodos de pago y de cobro, el nivel de existencias.

Aquí los tienes: tres indicadores para saber si tu negocio marcha.

E infinitos KPIs que puedes utilizar para gestionar de una forma más profesional. Solo necesitas saber dónde tienes que poner el foco.

Define lo que quieres monitorizar y asígnale un KPI para monitorizarlo. Te aseguro que solo haciendo eso, tienes un 80% de probabilidad de que mejore.

CAPÍTULO 19. CÓMO ANALIZAR TU CUENTA DE RESULTADOS EN UN MINUTO

No tienes tiempo.

Sí. Ya lo sé.

Desde que te levantas por la mañana hasta que te acuestas por la noche estás haciendo millones de cosas.

Una detrás de otra.

Utilizando todos los tiempos muertos que tienes. Mientras comes lees el correo, mientras conduces hablas por el manos libres con tus clientes, mientras te duchas estás escuchando las noticias, mientras subes en el ascensor estás repasando los puntos más importantes de la reunión.

Todo el día sin tiempo.

Sin poder ver hacia donde está yendo tu negocio por falta de tiempo.

Sin poder levantar la cabeza por falta de tiempo.

Esto te va a encantar entonces.

Porque te voy a decir dónde tienes que mirar en tu cuenta de resultados para saber cuál es tu evolución.

Lo primero, ¿qué es una cuenta de Resultados o también llamada cuenta de Pérdidas y Ganancias?

Que no te coman el tarro con definiciones de 100 palabras.

Es una suma y una resta.

Ni más ni menos.

Sumas tus ingresos y le restas tus gastos.

Y luego lo colocas como quieras.

Ni más ni menos.

Ahora bien, no por sencillo deja de ser importante.

De hecho las cosas sencillas suelen ser -siempre- las más importantes, si no piensa en la caricia de una persona a la que quieres. ¿A que es lo más importante del mundo en muchas ocasiones? ¿A que sí?

Antes de empezar prepara tu material: debes tener tu cuenta de resultados de varios años. De esta forma podrás mirar no solo lo que ha pasado en el último período sino también cuál es tu evolución.

Una vez que tienes eso delante de tus narices, empezamos.

CIFRA DE VENTAS:

¿Qué está pasando con tus ventas? ¿Suben, bajan, están estancadas?

MARGEN DE CONTRIBUCIÓN

O, lo que es lo mismo, ventas menos costes de aprovisionamiento. Especialmente relevante si lo calculas en porcentaje sobre las ventas.

¿Va creciendo? Lo cual significaría que estoy consiguiendo ganar más comprando menos. ¿O es a la inversa?

EBITDA (BENEFICIO ANTES DE INTERESES, IMPUESTOS, AMORTIZACIONES Y DEPRECIACIONES)

Digamos que este valor nos dice cómo lo está haciendo tu empresa en el corazón de tu negocio. Sin considerar temas contables (como depreciaciones o amortizaciones), ni fiscales (al no considerar impuestos) ni de estructura financiera (al no considerar gastos financieros)

Si tienes un margen de EBITDA por encima de 20% estaríamos hablando de un buen negocio... Por debajo del 10%, es señal de alarma.

RESULTADO FINANCIERO.

Estos son los ingresos financieros menos los gastos financieros. Una empresa puede ir como un tiro y quebrar porque los gastos financieros te acaben hundiendo. Te aseguro que esto puede pasar si no lo detectas a tiempo.

Y te lo digo por experiencia propia.

RESULTADO DEL EJERCICIO

La última cifra de la cuenta de pérdidas y ganancias. Ya descontadas amortizaciones, depreciaciones, intereses, impuestos. Todo.

Lo que quedaría para repartir dividendos vaya.

Ni que decir tiene que mejor que esto sea mayor que cero y que vaya aumentando año sobre año.

Imprescindible.

Ahora ya tienes la información y te toca a ti sacar un rotulador rojo y pintar encima de tus papeles. Para ayudarte te dejo este cuadro resumen que vas a poder utilizar.

CAPÍTULO 20. QUÉ ES EL *CASH FLOW* Y POR QUÉ DEBES CONOCERLO

Los retrasos en los pagos de clientes provocan dificultades de liquidez al 80 % de las empresas españolas, mientras que en Europa sufren este problema el 57 % de las compañías, según datos de la Asociación Nacional de Entidades de Gestión de Cobro (ANGECO).

¿A que ya empiezas a ver por dónde voy?

¿A que ya empiezas a hacerte una idea de por qué el *cash flow* es tan importante para tu negocio?

Por si ya estás empezando a darte cuenta de su importancia pero todavía no tienes una idea forjada al 100% te voy a contar la historia de una pequeña empresa con la que estuve colaborando hace un tiempo, y de su dueña Mayte.

Mayte es una currante, sabe de su negocio y hace todo lo posible porque sus clientes se queden conformes con los productos que comercializa (tiene un negocio de droguería para la hostelería).

Trabaja mucho, le echa muchas horas al día, seguramente como tú, y por eso su cartera de clientes ha ido aumentando exponencialmente.

Y también su facturación va creciendo año tras año.

Sin embargo, Mayte no veía esos resultados en su bolsillo.

Mayte no veía el dinero.

Mayte al final del mes no veía que su caja fuera creciendo.

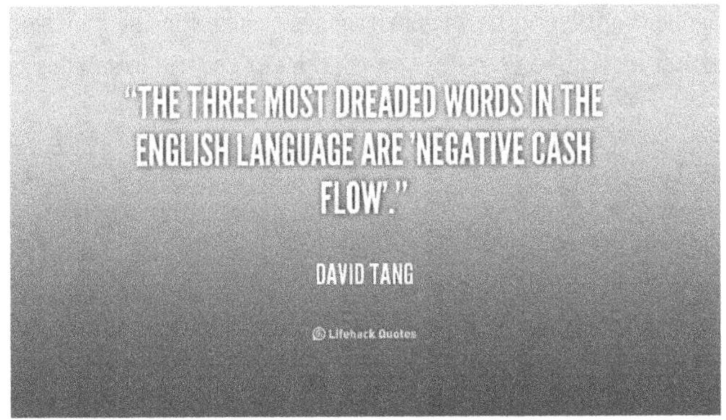

David Tang es el fundador del China Club en Hong Kong, propietario de varias empresas de restauración, de una compañía de tabaco, fundador de Shanghai Tang que es la primera marca de lujo que sale de China y ha sido director de varias multinacionales como Tommy Hilfiger, Blackstone y el grupo de hoteles Savoy.

Es decir, algo de negocios sabe.

Y lo que dice es totalmente cierto, pero empecemos desde el principio:

¿Qué es el *cash flow* o flujo de caja?

Sin complicaciones: es el dinero que te ha quedado en el bolsillo después de un período, un mes, un año. El período que quieras medir.

Y ojo, está relacionado con el resultado de tu empresa. ¡Cómo no va a estarlo!

Pero NO SON LO MISMO. Caja y Resultado no son lo mismo.

Puedes tener un resultado positivo y un *cash flow* negativo (porque factures pero no te paguen por ejemplo)

Puedes tener un resultado negativo y un *cash flow* positivo (porque no pagues a tus proveedores por ejemplo)

Eso sí, tienen algo en común: ambas son malas para tu empresa y hay que detectarlas, cuanto antes, porque pueden estar avisándote de tu futuro. De un mal futuro.

Mayte lo experimentó en sus propias carnes, pero sin ser consciente de ello: tenía un resultado positivo y un flujo de caja negativo y no lo sabía.

¿Y qué pasa cuando no sabes que tienes un problema? Que es imposible solucionarlo.

Lo cual es altamente probable que te esté pasando a ti. ¿Tienes síntomas como estos?

- Tienes que andar encajando pagos a proveedores en momentos determinados.
- Te ves en la obligación de generar un mes más ingresos porque tienes un pago que no habías previsto como, por ejemplo, el IRPF o el IVA por ejemplo.
- Tienes que tirar de una línea de crédito o de una tarjeta de crédito para poder hacer frente a algunos pagos a pesar de los intereses que vas a pagar.
- Te has visto forzado a lanzar una promoción, casi perdiendo dinero, para generar ingresos y afrontar un pago.

Cuando Mayte y yo empezamos a trabajar juntos, lo primero que hicimos fue localizar cuál era realmente el problema, para lo cual construimos un sistema de información.

Este es uno de los mayores problemas de las pequeñas empresas y de los emprendedores. No hay información. Hay memoria, hay experiencia, hay "yo creo que", pero no hay datos. Hay contabilidad, sí, pero no es suficiente.

Así que nos pusimos a trabajar para construir nuestro CRM casero y a comparar cuentas de pérdidas y ganancias (¿recuerdas que lo comentamos en el bloque de herramientas?)

- Construimos evolución de clientes.
- Construimos evolución de facturación.
- Revisamos la estructura de costes incluyendo los financieros.

Al final de ese proceso solucionamos una serie de ineficiencias, que había en la negocio de Mayte, e hicimos que su resultado mejorara en un 10%, pero no era el tema principal. Y lo sabíamos.

Una vez solucionado el problema de rentabilidad nos pusimos a trabajar en los procesos pago y cobro y el análisis de las existencias.

Para nada quiero darte una chapa contable, pero sí tengo que decirte que estos procesos no se ven cuando analizas la cuenta de resultados. Para localizarlos necesitas echar un vistazo al balance, otro estado fundamental.

Y sobre todo revisar facturas en detalle y conciliar con pagos y cobros. Y aquí surgieron los dos problemas reales:

- Un 30% de los clientes de Mayte no estaban pagando en plazo (o directamente no estaba pagando).
- Por garantizar el servicio a sus clientes tenía un exceso de *stock* en el almacén. Existencias que pagaba mucho antes de venderlas.

Una vez detectados los problemas, las soluciones aparecieron y, ahora mismo, Mayte tiene un sistema de información implantado en su empresa que le permite entre otras cosas:

- Saber el % de clientes pendientes de cobro y el importe.
- Saber el % de proveedores pendientes de pago y el importe.
- Conocer cuáles son los meses con menores cobros y que pueden exigirle actuaciones especiales para no tener que tirar de una línea de crédito ni asumir penalizaciones de proveedores por falta de pago (o si no penalizaciones, acceder a ventajas que te ofrecen los proveedores por pronto pago).

Y su caja va como un tiro, creciendo al ritmo de sus resultados. Ahora te hago un par de preguntas para que pienses:

- ¿Sabes cuál es el flujo de caja de tu negocio?
- ¿Tienes algún método establecido del control de pagos y cobros?
- ¿Tienes un calendario de pagos y cobros que te permita saber cómo y cuándo entra y sale el dinero?
- ¿Puedes garantizar, al 100%, que has facturado todos los trabajos que has realizado?
- ¿No crees que podrías hacerlo mejor y conseguir que el crecimiento de tu empresa se realice de una forma sana y no acabes muriendo de éxito?

CAPÍTULO 21. QUÉ ES EL EBITDA Y POR QUÉ DEBES CONOCERLO

No hay análisis de situación de una empresa en el que no aparezca este concepto

No hay cálculo del valor de una empresa en el que no esté presente.

EBITDA

Vaya palabreja.

Te voy a explicar, en una frase, lo que es el EBITDA y te prometo no emplear ningún término financiero en la definición:

"El EBITDA es el corazón de tu negocio, lo que le permite seguir viviendo día a día".

He cumplido ¿no?

Ahora, solo si quieres, vamos un poco más allá y te amplio la definición. Sin tecnicismos. Tienes mi palabra.

Tú sabes que sin caja no puedes mantener vivo tu negocio. Es el aire que le permite a tu negocio respirar.

El EBITDA representa el corazón, el motor que impulsa tu negocio y sin el cual tu negocio se pararía.

Vayamos a tu cuenta de resultados.

Empecemos por tus ventas.

¿Tus ventas son el dinero que tú ganas?

Piensa bien tu respuesta.

No.

Hay una serie de costes que tienes que asumir si quieres conseguir esas ventas.

Está claro.

Pues empecemos a restarle esos costes:

- Le quitamos los costes variables. Es decir aquellos que se producen en función de tus ventas, que dependen directamente de ellas. ¿Se te ocurre algún ejemplo de estos tipos de costes? A mí, sí: las materias primas con las que configuras tus productos. A más ventas, más consumo ¿verdad? --> coste variable.
- Le quitamos los costes fijos. Es decir aquellos que no dependen de tus ventas. Vendas o no vendas tienes estos costes. ¿Se te ocurre algún ejemplo? Tú. Tu salario. O tu pago de autónomos. O el seguro de tu local. Sí o sí los tienes.
- Le quitamos los costes extraordinarios. Es decir aquello que normalmente no tienes pero que por lo que sea este año sí has tenido. Imagina que debes pagar el arreglo de una de tus máquinas. Eso es un gasto que no esperabas --> gasto extraordinario.
- Le sumamos los ingresos extraordinarios. Es decir, ingresos que normalmente no tienes pero que, por lo que sea, este año sí has tenido. Por ejemplo, eres un bar y vendes una de tus cámaras porque la vas cambiar por otra. Eso es un ingreso extraordinario.

Ahora quiero que te des cuenta de una cosa: hasta este momento hemos considerado tus ingresos y también una serie de gastos. El corazón de tu negocio.

Te hago una pregunta...

¿La diferencia entre los ingresos y los gastos que hemos visto hasta ahora supondría tu beneficio?

O dicho de otra forma...

¿Nos quedan más cosas que considerar para llegar a tu beneficio?

Piénsalo, medio minuto.

Sí... Nos quedan más cosas.

Nos falta considerar los intereses que estés pagando por tus préstamos. Nos queda restar los impuestos. E, incluso, nos queda restar las pérdidas de valor de los bienes que tiene tu negocio (bien porque hayan perdido valor, depreciación, o bien porque simplemente haya pasado el tiempo, amortización)

Vaya. Faltan muchas cuentas que echar antes de llegar al beneficio.

Te hago otra pregunta...

¿Qué crees que es más importante en tu negocio?

- La diferencia entre tus ventas y tus costes (fijos, variables y extraordinario)
- Lo que pase después (intereses, impuestos y cambios de valor de tus activos)

¿Qué es lo que hace que tu negocio funcione? ¿Que se mueva? ¿Qué es lo que le impulsa? ¿Qué es el corazón?

La diferencia entre tus ventas y tus costes ¿verdad? Si esto no va, entonces, el resto no va.

Eso es el EBITDA (*Earning Before Interest, Tax, Depreciation and Amortization*).

Quiero que asimiles la importancia de este concepto. La importancia del EBITDA.

Es lo que te dice realmente si tu negocio va bien o va mal, más allá de otros ajustes o de cómo lo hayas financiado.

O dicho de otra forma, es posible que una empresa tenga un resultado negativo y sin embargo le esté yendo muy, muy bien (y el resultado negativo es tan solo un juego con las amortizaciones y depreciaciones que disminuyen su beneficio para pagar menos impuestos)

Si quieres saber cómo le va a una empresa, mira a su corazón. Mira a su EBITDA.

CAPÍTULO 22. QUÉ ES EL FONDO DE MANIOBRA Y POR QUÉ DEBES CONOCERLO

Contablemente, el fondo de maniobra es la diferencia entre el Activo Circulante y el Pasivo Circulante.

Esto es la diferencia entre las deudas que tienes en el corto plazo y los bienes que puedes convertir en efectivo en ese corto plazo (o que lo son ya).

Sería la capacidad para hacer frente a tus deudas en el corto plazo.

Sé que lo que voy a decir a continuación no es completamente correcto si me voy a la pulcritud contable pero, como todos sabemos, la contabilidad es una herramienta y como tal tiene que ser adaptada para que sea de utilidad para quien necesita la información.

Tú.

Por eso me voy a permitir ciertas libertades a la hora de hablar este tema, para que la idea principal te quede clara.

Un fondo de maniobra positivo significa que lo que tienes en caja ahora mismo (o lo que puedes convertir en dinerito ya mismo) es mayor que lo que les debes en el corto plazo.

Es decir, ese dinero te da cierta capacidad para maniobrar.

Sin embargo cuando hablamos de lo que debes, en muchas ocasiones te olvidas de considerar a un socio muy exigente.

Que siempre te pide más.

Estoy hablando de Hacienda.

Si, cuando calculas tu fondo de maniobra, no estás considerando los pagos pendientes de realizar a Hacienda estás cometiendo un grave error.

Muy grave.

Que te puede llevar a un impago con todo lo que esto conlleva: comisiones, penalizaciones, necesidad de un crédito, tipos de interés.

Es decir, más gastos.

Todo ello por no haber contado con tu socio más importante.

Hacienda.

¿Cómo evitar que tengamos problemas con el pago a Hacienda?

LO PRIMERO CAMBIANDO LA MENTALIDAD

Lo quieras o no, una parte de lo que te ingresan en el banco es para Hacienda.

Sí o sí.

Y, antes o después, va a venir a por ello.

Es tu decisión darte cuenta y empezar a prepararte o meter la cabeza debajo del suelo, como los avestruces, dejando el culo al aire.

LO SEGUNDO EMPEZANDO A TRABAJAR PARA CAMBIARLO

Si la solución es tener un fondo de maniobra positivo eso significa que nuestra caja siempre tiene que ser mayor que las obligaciones de pago que tenemos en el corto plazo.

Para poder hacer eso tenemos que tener claras dos cosas:

- Tu flujo de ingresos (descontada la parte que le corresponde a Hacienda que debería estar en otra bolsa completamente separada)
- Tu flujo de gastos.

Y no solo del pasado que es muy importante para analizar tendencias y aprender, sino del futuro.

Has de conocer cuáles son tus flujos de ingresos y gastos futuros. Esto es, anticipar, por ejemplo a un año vista (y mensualizado) cuáles serán tus ingresos y cuáles tus gastos futuros.

Ahhhh...No, por favor. No me lo digas. Ni lo pienses siquiera. No me digas que no puedes anticipar tus flujos de ingresos y de gastos futuros. Que es imposible. Por favor, no me lo digas. Porque es una mentira. Como una casa.

Llevo más de diez años haciéndolo y acierto bastantes veces. Así que olvídate de esa excusa y ponte a trabajar.

Una vez que tengas esa información clara podrás identificar aquellos meses peligrosos, en los que tu flujo es negativo o casi negativo y podrás ponerte a trabajar para solucionarlo.

Todo es cuestión de planificación.

A más planificación, más posibilidades de solucionar problemas.

BLOQUE IV: CÓMO FIJAR TUS PRECIOS

Se habla mucho de este asunto en internet.

Si buscas cómo poner el precio a tus productos aparecen 13 millones de resultados.

Si buscas precio de tus productos se visualizan 32 millones de resultados.

Vaya. Pues sí que parece un problema.

Sobre todo considerando que, una mala decisión en un precio, puede llevar tu negocio al traste.

Por eso este bloque es uno de los más importantes y útiles del libro.

Porque te va a ayudar a saber cómo ponerle precio a tus productos. Un precio que garantice que tus costes están cubiertos y que obtienes un beneficio adecuado y suficiente

Te va a enseñar cómo el precio es un poderoso posicionador.

Pero, por encima de todo, te va a ayudar a valorarte a ti y a tu trabajo.

Y eso, como diría la campaña publicitaria de Mastercard: "No tiene precio"

CAPÍTULO 23. CÓMO PONER EL PRECIO A TUS PRODUCTOS SIN PERDER TIEMPO NI DINERO

¿Y si te digo que puedo decirte cómo poner el precio a tus productos garantizando que no vas a perder un duro? ¿Y si te garantizo que este proceso también recoge el precio de mercado?

Hay dos métodos básicos que se emplean para fijar los precios de cualquier producto o servicio: el método del coste y le método del valor. Ambas se utilizan para establecer el precio de un producto o de un servicio.

Ambos son erróneos.

Ambos son incompletos.

¿Quieres saber por qué?

Comencemos explicando los fundamentos de estos métodos.

MÉTODO DEL COSTE.

Es el típico escandallo de toda la vida.

Chicote habla de ello prácticamente en todos los programas de Pesadilla en la Cocina.

Se trata de determinar el precio de venta de una mercancía con relación a los factores que lo integran. Pero, ojo, a todos los factores que lo integran.

Te lo explico con un ejemplo.

Cuando le pregunto a grupo de personas por cuánto vendería un bocata de chorizo, basándose en su coste, el 80% de ellas me dice que sumaría el coste del pan, el coste del chorizo, le aplicaría un margen de beneficio y ese sería su precio.

Ese 80% estaría equivocado.

¿Por qué?

Ha recogido solo los costes variables, las materias primas que le hacen falta para el bocata.

Sin embargo, se ha olvidado de recoger otros:

- El coste del cuchillo.
- El coste de la nevera donde lo guarda.
- El coste de la basura donde tira los restos.
- El coste de la sala donde lo está preparando
- El coste/hora suyo al hacer el bocadillo

¿Ves por dónde voy?

El bocadillo no cuesta solo lo que valen el pan y el chorizo. Existe otra serie de costes fijos que deben recogerse para fijar el coste real de producción sobre el que luego aplicar el margen de beneficio.

Si no imputas estos costes significa que estás recortando tu ganancia porque aunque no lo cobre con la venta de tu producto, sí o sí lo vas a tener que pagar.

Ni te imaginas la cantidad de negocios que cierran por algo tan sencillo como esto.

Ya perteneces al 20% de personas que NO cerrarán su negocio por no saber reflejar los costes de sus productos.

MÉTODO DEL VALOR.

Este es menos objetivo.

Se basa en el valor que tu producto aporta a tu cliente. Y esta pregunta es difícil de responder.

Sigamos con el ejemplo del bocadillo.

¿Cuánto pagarías por un bocadillo de chorizo nada más salir del convite de una boda? De esa de las buenas. De las de cinco platos, postre y pastelitos para el café. Ya te lo digo yo. Cero. Ni aunque te lo regalaran lo comprarías.

¿Y cuánto pagarías por el mismo bocadillo a la una de la tarde después de llevar cinco horas pintando en tu local, situado en un polígono en el que no hay un triste bar en 5 km a la redonda?

Es el mismo producto, sí, pero el valor es diferente.

¿Cómo calcular, entonces, el valor que ofrece tu producto?

Vigilando el precio que está poniendo la competencia. Ni más ni menos. Es la forma más rápida de hacer un estudio de mercado gratis.

¿Y qué pasa cuando no tienes competencia? Que deberías darle una vuelta a tu Modelo de Negocio porque, si no tienes nada de competencia, es muy raro.

Recuerda algo muy importante: la diferencia entre ambos es donde está el beneficio, la ganancia, entre lo que se paga y lo que se obtiene realmente.

Ahora que ya conoces los dos métodos más utilizados, ¿cuál elegirías?

Ya te lo digo yo.

Hagas la elección que hagas lo estarías haciendo mal.

Si escoges la primera, seguramente estés cometiendo el error de vender a un precio que el mercado no está dispuesto a pagar.

Si te inclinas por segunda, seguramente estés cometiendo el error de vender a un precio que te hará perder dinero, al vender por debajo de tu precio de coste.

La solución, ya la conoces, la unión de ambos métodos. El método del coste te da tu precio mínimo viable. El método del valor te da el precio máximo al que el mercado te va a comprar. Entre ambos está tu precio.

CAPÍTULO 24. TUS PRODUCTOS SON CAROS ¿SEGURO?

He trabajado con muchas personas con microempresas que me han hablado acerca de un miedo que día a día les obsesiona en sus negocios:

El miedo a que tus productos sean muy caros y no los compre nadie.

Un miedo muy común, sobre todo cuando estás empezando a plantear las líneas maestras de tu negocio.

Voy a hablarte de cómo se sienten las personas que sufren este temor, para ver si te reconoces en él.

Habitualmente las personas que sufren este temor sienten dos cosas:

1. Que el precio que tienen que poner a sus productos para que les sea rentable es mucho más alto del que están poniendo.
2. Que si ponen el precio que realmente tienen que poner, nadie va a comprar sus productos.

Son dos sensaciones muy poderosas.

Dos sensaciones que hacen que estas personas opten por dejar de fabricar sus productos o malvenderlos.

Algo muy interesante.

Porque en el fondo no se trata de un problema de sus productos, de sus servicios o de sus clientes, sino de ellas mismas:

Están proyectando sus creencias acerca del dinero en sus clientes.

Sí.

Si te pasa a ti, ten esto en cuenta.

Es un problema tuyo, de tu cabeza. No está ni en tus productos ni en la de tus clientes.

¿Por qué digo esto?

Hay un principio racional que debe dirigir cualquier venta: si el precio de venta no supera al precio de coste es mejor que no vendas nada.

Esto está claro.

Y hay otro principio que funciona de la misma forma: el cliente percibe el valor de un producto a través del precio en la mayor parte de sus interacciones de compra.

Es decir, si algo es caro lo percibe como mejor. Independientemente de que lo sea o no.

¿Que no te lo crees?

Bien.

Te pongo un ejemplo.

Imagina que estás en el Carrefour, en la zona de vinos, en concreto en la de Ribera de Duero.

Te gustaría comprar un vino para una cena especial con unos amigos. Quieres quedar bien con un vino bueno. Pero no tienes ni idea de vinos. De hecho, ni te gusta.

¿Cómo eliges el vino que te vas a llevar a casa?

¿Escoges el más barato?

No.

Aunque haya un vino estupendo que se encuentre a un precio especial, lo descartarás porque no entiendes de vino. Y no cogerás un vino barato porque quieres quedar bien. Te fiarás del único indicador que te puede ayudar: su precio.

Cuando un cliente va a comprar un producto utiliza el precio como indicador del valor que va a recibir a cambio. Si es algo más caro que la media entiende que es algo mejor que la media. Si es más barato que la media entiende que es algo peor que la media.

Así de claro, salvo que entienda acerca del producto que va a comprar. Entonces podrá identificar oportunidades en el precio y comprará no orientado por el precio sino por el valor que el producto le va a dar según su apreciación personal.

Y un producto no vale lo mismo para distintas personas.

Ni vale lo mismo en distintas situaciones.

Y te pongo otro ejemplo:

¿Cuánto pagarías por una botella de agua después de andar durante dos horas por Sevilla en pleno mes de Agosto?

Bastante ¿no? Si te piden 3 euros los pagas. Porque te mueres de sed.

Sin embargo, ¿cuánto pagarías, por esa misma botella de agua, nada más salir de tomar una caña fresquita de un bar?

Nada. Cero. No la cogerías ni aunque te la regalaran.

El mismo producto, dos situaciones diferentes.

El mismo producto, dos valores diferentes.

El mismo producto, dos disposiciones diferentes a pagar una cantidad.

Con tus productos sucede lo mismo.

Todos los días los clientes someten a tus productos a la prueba del precio. Y en función de cómo pasa tu producto esa prueba deciden comprar o no.

Y en esa decisión influyen su conocimiento, sus experiencias de compra anteriores y el precio que tú estás marcando.

No influye lo que tú piensas acerca de tu producto.

No influye lo que tú piensas acerca de ellos.

Por eso es tan importante que cuando marques el precio de tu producto o servicio, te concentres en los dos principios que te indicaba al inicio de este artículo:

1. Que tu precio de venta sea superior a tus costes:

Si no, no tienes un negocio. Tienes una ONG. Y no te va a durar mucho por cierto, porque necesitarás destinar recursos de otra fuente de ingresos para mantener tu ONG.

2. Que el precio de venta te posicione donde realmente quieras estar.

Que tus precios hagan que tu producto se posicione.

No pasa nada por poner un precio barato a tu producto siempre que cubras costes.

No pasa nada salvo que entonces estás mandando un mensaje a tus clientes: mi producto es barato, más barato que la media, por lo que la calidad será inferior a la media. No te esperes gran cosa. Es lo que hay.

Si tu producto es así entonces no hay problema. Existe consistencia entre tu producto y el mensaje que estás lanzando.

El problema es cuando tu producto es totalmente exclusivo, de una calidad excepcional, y lo estás vendiendo a un precio inferior al que le corresponde.

Entonces estás lanzando un mensaje contradictorio al mercado, y lo peor de todo es que estarás perdiendo ventas. Habrá clientes que, estando dispuestos a comprar algo exclusivo y pagar más por ello, no lo hagan.

¿Por qué'

porque piensen que con ese precio es un producto de baja calidad y para ellos es mucho más importante la calidad que el precio.

CAPÍTULO 25. CÓMO DESTERRAR TU MIEDO A QUE TUS PRODUCTOS SEAN CAROS

El miedo a estar marcando un precio que tus clientes no estén dispuestos a pagar es un miedo real. Tangible.

Ahora vamos a hablar de la solución.

Es algo que le pasa por la cabeza a la mayor parte de los negocios en un momento u otro. Siempre.

¿Será mi producto lo suficientemente bueno para tener este precio?

¿Lo van a entender mis clientes?

¿Lo van a comprar mis clientes?

Cuando tú piensas que tus clientes no comprarían tus productos si tuvieran un precio más alto, en realidad estás haciendo dos cosas:

1.- PONER EN LA CABEZA DE TUS CLIENTES TUS MIEDOS ACERCA DEL DINERO.

Tú no eres tus clientes.

Tus clientes no piensan igual que tú. Ni tienen tu misma situación económica.

Que tú no estés en disposición de gastar un determinado dinero en un producto concreto, no significa que éste no lo valga.

Te pongo un ejemplo:

¿Crees que todos los vendedores del BMW X6 tienen un BMW X6 a la puerta de casa? No, ¿verdad?

No porque no quieran tenerlo. Sino porque no se lo pueden permitir.

El BMW X6 es un coche del segmento *premium*, caro y bueno. Y no todo el mundo se lo puede permitir. Ni siquiera la persona que lo vende.

¿Te imaginas a esa persona bajando el precio del BMW porque considera que es un precio demasiado alto?

Eso es algo inimaginable, ¿a que sí?

Pues entonces ¿por qué narices lo estás haciendo tú con tus productos y servicios?

Ya te lo digo yo, y pasamos al punto número dos: porque infravaloras tu trabajo.

2.- INFRAVALORAR TU TRABAJO

Esto es algo completamente humano.

Inconscientemente todas las personas nos fijamos en las cosas buenas que otros tienen, que otros hacen. Y no prestamos atención a las cosas buenas que nosotros tenemos o que nosotros hacemos.

Esto es completamente natural e inherente a la especie humana.

Y es algo que extrapolamos a nuestros negocios. No valoramos el tiempo que dedicamos a nuestros productos, no valoramos los materiales que hemos empleado y sobre todo no valoramos lo más importante: nuestros conocimientos y habilidades.

No nos damos cuenta de lo más importante, que no todo el mundo es capaz de hacer lo que nosotros hacemos Y que hay mucha gente ahí fuera dispuesta a pagar por nuestro conocimiento y nuestra habilidad especial.

Si hay algo que solo tú eres capaz de hacer, si hay algo en lo que destacas, hay un cliente para ti, que va a estar dispuesto a pagar lo que tú pidas, porque va a ser capaz de reconocer esa exclusividad.

Y la exclusividad siempre vende.

O, si no, busca números acerca de facturación del sector de lujo. A ver qué ha pasado con él durante la crisis.

Ahora que conoces el origen de este miedo vamos a hablar de cuatro puntos de acción que te permitirán fijar el precio de tus productos donde corresponde:

1.- DETALLA LOS COSTES DE TU PRODUCTO.

Lo primero que tenemos que saber es el precio por debajo del cual estamos perdiendo dinero. Para eso necesitas detallar los costes de tu producto. Y esos costes deben incluir:

- Materiales utilizados: qué has tenido que comprar para poder crear tu producto.
- Suministros empleados para realizarlo: que has consumido para poder realizar tu producto: luz, gas, etc.
- Coste de la mano de obra: sí, que lo hagas tú no significa que tu mano de obra sea gratuita, tiene un coste. El coste que tú quiera fijar por tu trabajo. Para que te hagas una idea, una empleada doméstica está en unos 10€ por hora. Un taller mecánico está en los 60€ por hora. Un profesional destacado en los 100€ hora. ¿Dónde estás tú?

2.- APLICA UN MARGEN A ESOS COSTES.

Una vez que conoces los costes, aplica un margen para establecer el precio de venta. Este margen es el dinero que, de verdad, vas a ganar. Es tu beneficio.

Si no aplicas este beneficio te habrá salido lo comido por lo servido.

Es decir, volvemos a la ONG. (Y cuenta con que, de este beneficio, un porcentaje se lo llevará Hacienda con el IRPF si eres autónomo, así que no lo olvides)

3.- AÑADE EL IVA.

No te olvides de este pequeño detalle. Recaudas impuestos para el Estado. Si te olvidas de incluir el IVA en tu producto, entonces el IVA se comerá o tu margen o incluso te hará incurrir en caja negativa. No te olvides de él.

4.- POSICIONA TU PRODUCTO.

Una vez que tienes los tres puntos anteriores, tienes el precio mínimo. Ahora busca el precio máximo que el Mercado está dispuesto a pagar por tu producto y elige un precio entre tu mínimo y el máximo. Siempre considerando un tema aquí: si no hay nadie alrededor que sea capaz de hacer tu producto, tienes libertad para poner el precio que quieras.

Y sí, has leído bien, el que quieras.

Que no te lo crees...

¿Qué piensas que lleva haciendo Apple desde que creó su primer Mac?

Recuerda que el precio de tu producto es un indicador de tu calidad/exclusividad, y a la inversa tu calidad/exclusividad es un indicador para ayudarte a marcar el precio.

Ambos parámetros deben estar alineados.

Si no lo están, o bien estás perdiendo dinero o bien estás perdiendo clientes.

¡Actúa!

BLOQUE V: CONOCE A TUS CLIENTES

La atención al cliente está en boca de todos los gurús del mundo de la empresa.

- *Customer Care.*
- *Customer Experience.*
- *Customer Excellence.*

Todos se han dado cuenta de lo mismo, y casi al mismo tiempo: un nivel de atención excelente dispara la cuenta de resultados de una empresa.

Siempre. Repito, siempre.

Mira Amazon. ¿Por qué cada vez conoces a más gente que compra en Amazon?

Y es más, ¿Por qué cada vez conoces a más gente que te recomienda Amazon? Porque el proceso de compra es rápido e intuitivo. Porque puedes devolver productos sin incidencias.

Y, sobre todo, por encima de todo, porque tienen un equipo que se preocupa de resolver cualquier incidencia que tengas en tu pedido.

Amazon se está cepillando un montón de negocios tradicionales (y también está haciendo crecer otros, no lo olvides).

Pero Amazon tiene una debilidad.

Una debilidad que hace que cualquier negocio físico pueda competir de tú a tú con ese gigante.

La excelencia en el servicio. La excelencia en la atención.

Hay gente que no quiere comprar por internet, no les gusta el canal.

Y hay gente a la que le encanta que le atiendan, que le pregunten, que le recomienden.

Y siempre la habrá, porque somos seres humanos. Nos gusta hablar. Nos gusta socializarnos.

A lo largo de este bloque hablaremos de cómo mejorar la experiencia de tus clientes, conociéndoles y sirviéndoles mejor.

CAPÍTULO 26. PLAN 3X3 PARA INCREMENTAR TUS VENTAS AUMENTANDO LA CALIDAD DE TU ATENCIÓN AL CLIENTE

Que se te meta en la cabeza.

Cualquier negocio especializado y con una excelente atención al cliente es capaz de competir, de tú a tú, con gigantes como Mediamarkt, Carrefour, FNAC o Amazon.

Y esto que te estoy contando, en el fondo, muy en el fondo, ya lo sabes tú. No te descubro nada nuevo.

Seguro que conoces una panadería en la que, siempre que vas, te llaman por tu nombre y te recomiendan un buen producto.

Seguro que conoces alguna tienda en la que siempre te atienden bien y siempre han conseguido satisfacer tu necesidad, incluso aun cuando no tuvieran ese producto en su local.

Lo sabes...

¿Quieres hacer que tu nivel de servicio se incremente hasta la excelencia?

¿Quieres que tus clientes hablen de ti y te recomienden?

Pues vamos a ello.

Vamos a hablar de tres acciones que debes llevar a cabo en los tres procesos más importantes desde que un cliente decide entrar en tu tienda: la llegada a tu tienda, la estancia en tu tienda y la salida de tu tienda.

Son nueve acciones sencillas de ejecutar que harán que tu cliente hable siempre bien de ti.

BIENVENIDA.

El momento en que tu cliente entra por la puerta es tu primera oportunidad para deslumbrarle (*delight*, como dicen los americanos que son los verdaderos especialistas en esto).

Tienes que pensar que, si el cliente ha decidido traspasar el umbral, es que quiere algo. Es decir, está predispuesto. Solo tienes que acompañar esta predisposición.

¿Cómo?

1.- Mírale a los ojos: somos seres humanos. Nos gusta que nos traten como tal y lo primero que nos identifica, como humanos, es una mirada directa y transparente.

2.- Saluda: a mí me enseñaron a decir buenos días cuando entro en un local (ascensor incluido). Y, normalmente, esto nos lo han enseñado a todos. Si saludas a una persona mirándole a los ojos, inmediatamente, se establece una conexión.

3.- Sonríe: no hay nada en el mundo tan poderoso como una sonrisa. Una sonrisa abre casi cualquier puerta. Y, lo mejor de todo, no cuesta nada.

PERMANENCIA.

Cuando un cliente está en tu tienda, y está hablando contigo, solo quiere una cosa: que lo atiendas. NO QUE LO DESPACHES. Que lo atiendas.

¿Cómo?

4.- Empatiza: me refiero a que sintonices con tu cliente. Percibe quién tienes delante y actúa pensando en lo que a esa persona le gustaría. Si delante tienes a un hombre trajeado de 45 años no es lo mismo que si tienes a una chica de 18 o a una señora de 65. No es lo mismo.

5.- Sondea: pregunta, indaga, averigua qué es lo que -realmente- quiere tu cliente. Hay personas que te dicen una cosa pero que, en verdad, quieren otra. Hay veces en las que una chica que entra a comprar un vestido no quiere comprar un vestido, quiere comprar un momento en el que se sienta especialmente deslumbrante por algo en concreto. Y, para eso, quizá lo mejor no sea un vestido, quizá lo mejor sea otra prenda y ella no lo sepa.

6.- Escucha de forma activa: es tan importante lo que dice un cliente, como lo que no dice. Presta mucha atención a su expresión corporal, a sus silencios, a sus miradas. Todo ello te ayudará a ofrecer lo mejor.

CIERRE.

Es el momento crítico. Y te explico por qué con una pregunta.

Durante mucho tiempo estuve trabajando de camarero. Uno de mis primeros días, un compañero con más experiencia que yo, al que tengo que agradecerle muchos buenos consejos, me hizo una pregunta:

Si tienes la barra llena de clientes: ¿a quién atenderías primero? ¿Al cliente que te está pidiendo una cerveza o al que te está pidiendo la cuenta?

Yo respondí que al que te está pidiendo una cerveza, para atender rápido.

Y mi compañero me respondió: "No. Al que te está pidiendo la cuenta".

¿Por qué? Porque es tu última oportunidad para darle una buena atención.

¿Cómo hacer un buen cierre?

7.- Venta cruzada: si has hecho una buena escucha activa es muy probable que hayas detectado alguna otra necesidad de tu cliente. No tengas miedo en ofrecérsela porque tu cliente te dará las gracias al haberle solucionado un problema. No digo que le vendas una moto. Te digo que le ayudes a satisfacer otra necesidad que tenga.

8.- Entrega la factura/cuenta/ tique mirando a los ojos y dando las gracias. A ser posible acércate a tu cliente, para entregarle su compra junto con su tique, pasando por fuera del mostrador si es preciso. Este detalle hará que tu cliente se sienta bien tratado y acompañado.

¿Que no te lo crees?

Cuando alguien viene a verte a tu casa... ¿Lo despides desde el salón? ¿O lo acompañas a la puerta?

El hecho de salir del mostrador a entregarle su compra es la versión en tienda de acompañarle a la puerta.

9.- Despedida con sonrisa: despídete, siempre, con una sonrisa y un *"Me encantaría volver a verte por aquí, estamos para lo que necesites"* De corazón. No como la voz grabada de las operadoras.

Este es tu plan 3x3 para incrementar tus ventas aumentando la calidad de tu atención al cliente.

Te aseguro que incrementarás, al menos, un 10% tu volumen de ventas siguiendo estos nueve sencillos consejos.

Al que añadiría uno más: intenta que tu cliente no se vaya sin que conseguir su dirección de correo electrónico. Es posible que ahora no puedas satisfacer su necesidad, pero sí más adelante. Y, si no tienes una forma de contactar con él, es probable que te des de cabezazos contra la pared por no tenerla.

CAPÍTULO 27. CÓMO SINTONIZAR CON TU CLIENTE EN 5 PASOS

La primera vía para tener una buena relación con tus clientes es sintonizar con ellos, con sus preocupaciones, con sus necesidades.

Si no existe este *feeling*, esta sintonía, es muy probable que dejen de ser tus clientes o que incluso se conviertan en detractores, lo cual es uno de los peores escenarios para ti.

El tema es sencillo: la gente es más receptiva ante opiniones de personas que nos caen bien. Es algo que está en nuestro cerebro y que ha asegurado la supervivencia de nuestra especie.

Estando en sintonía con otra persona es más fácil que esa persona confíe en lo que le estás diciendo, porque ya te ha aceptado. Es más fácil que deje de verte como alguien que pretende colocarle algo y te empiece a ver como lo que realmente eres, un profesional que puede ayudarle a que su negocio funcione mejor.

Ni más ni menos.

Estar en sintonía es el principio de la recomendación, del boca a oreja.

Y claro... ahora anticipo tu pregunta.

No tengo tiempo ni siquiera para sentarme con mis clientes, ¿cómo quieres que construya ese "*buen rollo*"?

A ver...

Lo puedes conseguir en 30 segundos, por supuesto, pero lo normal es que te lleve unos 30 minutos alcanzar un nivel pleno de sintonía.

¿Y cómo puedes sintonizar con tus clientes en 5 pasos?

PASO 1: EXPRESIÓN CORPORAL ESPEJO

Vigila la postura de tu cliente, espera unos diez segundos y replica esa postura -de forma natural- utilizando gestos similares a los que realice. Si levanta las cejas, levántalas tú también. Si asiente, asiente también.

OJO: no estamos jugando a hacernos burla. Como los niños pequeños. Tu copia debe ser sutil.

Inconscientemente su cerebro estará interpretando aceptación por tu parte y la aceptación es el pilar fundamental de la sintonía.

PASO 2: RESPIRACIÓN

Forma parte de la expresión corporal pero es tan importante que puede considerarse como un paso más. Sincroniza tu respiración con la suya, de esa forma irás consiguiendo un ambiente hipnótico.

¿Crees que es una tontería? Espera que te cuente algo. ¿Tienes niños? Yo sí. Tengo una niña de cuatro años que ha entrado en la etapa de los terrores nocturnos. Lo pasa fatal porque está medio dormida, no es consciente y está teniendo una pesadilla. Y yo lo paso peor porque sé que ella está sufriendo y no puedo despertarla.

Pues bien, ¿sabes cómo la tranquilizo? Apoyando su cabecita contra mi pecho y respirando muy profundo y muy tranquilo. Inconscientemente ella empieza a sincronizar su respiración con la mía y a tranquilizarse. En tres minutos está durmiendo totalmente relajada en su cama.

PASO 3: LENGUAJE

¿A que no hablas igual con tu madre que con tu hija?

¿A que no hablas igual con tus amigos que con tus amigas?

Pues entonces ¿por qué hablas con todos tus clientes igual?

Utiliza las palabras que tu cliente utilice, copia su tono y su velocidad y sobre todo no le atosigues, déjale hablar y escucha sus palabras de verdad. NO PENSANDO EN OTRA COSA.

PASO 4: REPETIR Y APROBAR

En atención al cliente lo llaman reformular.

Se trata de realizar cada cierto tiempo un pequeño resumen de lo que ha dicho tu cliente y darle tu aprobación. Esto le indica a tu cliente que, realmente, le has escuchado; que le has prestado atención y que estás aprobando su punto de vista.

Te pongo un ejemplo:*"Entonces lo que quieres decir es que...., por esto, por esto y por esto. Ya veo por dónde vas y coincido, plenamente, contigo"*

PASO 5: COMPRUEBA QUE LA SINTONIZACIÓN FUNCIONA

Cuando creas que ya estás en sintonía, copia momentáneamente su postura y entonces cámbiala y permanece atento a ver si tu cliente modifica su postura para inconscientemente adaptarse a la tuya.

No tiene por qué copiarla al 100%. Se trata, únicamente, de probar a ver si ha habido alguna respuesta -complementaria- por su parte a tu cambio.

Si lo hace, estáis sintonizados.

Ahora ya puedes ir al punto central de la negociación.

Es tu momento y tienes a tu cliente a tu favor.

CAPÍTULO 28. CÓMO SINTONIZAR CON TUS CLIENTES POR TELÉFONO

Ya hemos hablado, en el capítulo anterior, de la importancia de sintonizar con tus clientes, con sus prioridades y con sus necesidades.

En definitiva, conectar con tu cliente para poder ofrecerle un mejor servicio. Para poder ayudarle a conseguir sus objetivos.

Sin embargo, aunque efectivo, el método de cinco pasos del que hablábamos tenía una gran limitación.

¿Qué pasa cuando no tienes a tu cliente delante?

¿Qué pasa cuando estás contactando con él por teléfono?

¿Cómo haces para construir esa conexión?

¿De qué forma consigues sintonizar con tus clientes por teléfono?

De eso va este capítulo.

Cuando no tienes a tu cliente delante cuentas con una limitación adicional porque no eres capaz de interpretar su lenguaje corporal, luego no puedes reflejarlo y actuar como un espejo.

Correcto. Tienes razón, pero podemos utilizar otras herramientas para conseguir conectar con él.

PASO 1: INICIA LA LLAMADA CON UNA SONRISA.

Aunque no te lo creas, tu sonrisa se transmite por el teléfono. Y cuando hablas por teléfono sonriendo tu voz está más relajada y es más agradable para el que la escucha.

Tu interlocutor, inconscientemente lo va a notar.

Va a percibir que le estás sonriendo.

Y le va a gustar.

PASO 2: COMIENZA LA CONVERSACIÓN CON UN PREÁMBULO.

Una cuestión tan simple como "Cómo llevas el día" puede ayudarte a relajarte a ti y a tu interlocutor, haciendo que rompas el hielo.

PASO 3: ESCUCHA ATENTAMENTE.

Evita distracciones. Estás hablando con tu cliente así que préstale el 100% de tu atención.

No te distraigas.

Concéntrate en tu cliente, en su conversación.

No teclees en el ordenador. No estés a otras conversaciones.

Atiende porque, si no lo haces, se va a dar cuenta, va a desconectar y va a pasar de ti.

Haz que sepa que le estás escuchando con comentarios como "ajá", "ya veo", "entiendo" y, sobre todo, sobre todo, permite a tu interlocutor acabar las frases. No le interrumpas. Ni por asomo.

PASO 4: UTILIZA LAS PALABRAS QUE USE TU INTERLOCUTOR.

Presta atención al vocabulario de tu cliente y utilízalo. Sobre todo los adjetivos. Las palabras que utilice para describir algo. Ha escogido esta palabra de entre todas las demás.

Si eliges una alternativa es posible que no tenga el mismo significado y te lo muestro con un ejemplo. Imagina que un cliente te dice: "los resultados han sido excelentes". Para sintonizar con él deberías utilizar este mismo término en el entorno adecuado. Algo así como "estoy de acuerdo contigo en que los resultados han sido excelentes".

Si en lugar de esto dices "Estoy de acuerdo contigo en que los resultados han sido muy buenos" su subconsciente pensará: "Yo no he dicho eso. He dicho excelentes"

PASO 5: EMPATÍA, EMPATÍA, EMPATÍA.

Tienes que conseguir sentir lo que tu cliente siente. Compartir sus emociones. Pensar sus pensamientos.

Y tienes que mostrárselo con frases como: "Entiendo lo que dices", "Ya sé por dónde vas", "Es normal que pienses así, yo pensaría igual"

PASO 6: NO TE DISFRACES DE ALGUIEN QUE NO ERES.

Sé tú mismo y relájate. Si levantas una cortina de humo, o intentas ser alguien que no eres, se van a dar cuenta. Y va a resultar contraproducente.

PASO 7: ACTÚA CON SIMPATÍA

Sí.

Es posible ser completamente profesional y, a la vez, majo (o maja) y esto se consigue modulando correctamente la voz. Mostrando interés en la conversación y compartiendo risas con tu cliente.

La risa es un elemento constructor de conexiones. Úsalo.

Te propongo que, en tu próxima llamada, des estos pasos.

CAPÍTULO 29. SABES LO QUE GANAS CON CADA UNO DE TUS CLIENTES

Hemos estado hablando acerca de cómo conocer a tu cliente y sintonizar con él.

Sin embargo, tan importante como saber interpretar a tu cliente es conocer lo que ganas con él.

¿Te has planteado alguna vez esta pregunta?

No me refiero a cuánto facturas a cada uno de tus clientes. Esto sería demasiado fácil (y si ya partimos de que no sabes esto, entonces tenemos que trabajar más en tu CRM casero)

Hablo de la diferencia entre lo que le facturas a ese cliente y lo que te gastas en él. Lo que ganas por tener ese cliente. Su rentabilidad.

¿Te has parado alguna vez a pensarlo?

Estoy seguro de que la pregunta, al menos, te la has planteado con un tipo de clientes. Ya sabes de qué tipo te estoy hablando...

Del que continuamente te está llamando.

Del que continuamente te está cambiando requisitos o especificaciones.

Del que trata como si solo trabajaras para él.

Ese tipo de cliente.

Estoy convencido de que con ese tipo de cliente has tenido alguna vez la siguiente duda: ¿pero para qué estoy trabajando para este tipo?

Hablemos de grandes empresas.

Hay empresas que sea apalancan en su base de clientes. Necesitan esa base para poder trabajar.

¿Por qué?

Porque tienen una cifra alta de inversiones que tienen que pagar.

¿Y cómo se pagan esas inversiones?

Con el dinero de los clientes. A más clientes, más fácil hacer frente a esas inversiones.

A más clientes baja el coste medio por cliente (porque divides el mismo coste entre más clientes)

Lo que hace que inmediatamente suba la rentabilidad por cliente.

En este tipo de empresas es importante tener un número grande de clientes que te ayude a reducir el coste medio por cliente. Sabes que no estás ganando dinero con ellos. NO.

Pero te están ayudando a ganar más dinero con los buenos.

Por eso las grandes empresas intentan siempre segmentar en función del valor de su cartera: a más valor estoy dispuesto a ofrecerle más cosas. ¿Por qué? Porque no es rentable el café para todos.

Pero vamos... Esto no es algo que hayan inventado ellos.

¿Qué sucede en el bar de mi barrio cuando me he tomado tres cañas seguidas con unos amigos?

Pues que seguramente Pepe, el dueño, que sabe que todos los sábados y domingos estoy ahí como un reloj, me invitará a una ronda.

Me está segmentando. Me está dando más porque sabe que le aporto valor. Que consumo.

¿Crees que Pepe invitará a alguien que ha venido a las cuatro de la tarde, se ha pedido un café solo (1,40 €) y un vaso de agua (0 €) y se ha tirado tres horas sentado en la mesa leyendo un libro y le ha hecho correr las cortinas, subir el aire acondicionado y bajar el volumen de la música?

Pues eso, segmentar es importante. Pero no porque sí. Sino para capturar la rentabilidad real de tu cliente y para ofrecerle productos/servicios adaptados a sus necesidades en función de esa rentabilidad.

Suena frío. Suena sin corazón.

Yo sé que a Pepe le caigo bien y él a mí también. Pero además sé que, si no fuera todos los fines de semana, no me invitaría. Y no pasa nada.

¿Cómo puedes calcular la rentabilidad de un cliente?

Creo que ya te estás dando cuenta de la importancia de conocer cuál es la rentabilidad de tus clientes. Ya has dado el paso más difícil que es el cambio de paradigma.

Ahora vayamos a la parte práctica. ¿Cómo hacerlo?

El proceso es muy sencillo.

SACA LA FACTURACIÓN DE TUS CLIENTES.

Ordénalos de mayor a menor y elimina aquellos que solo te han comprado una vez. Comienza por el primero.

IDENTIFICA LOS COSTES EN LOS QUE HAS INCURRIDO PARA PROPORCIONARLES ESOS SERVICIOS O PRODUCTOS.

Y hablo de todos los costes, no solo los variables. Me explico, debes incluir:

- El coste de la materia prima.
- El tiempo de las personas que se hayan dedicado a elaborar esos productos.
- La parte proporcional de la maquinaria, equipos que hayas utilizado.
- La parte proporcional de servicios (agua, luz, etc.) que hayas empleado.

¿Por qué digo esto? Porque hay gente que, al calcular el coste de sus productos, no incluyen la parte proporcional de los costes fijos.

Recuerda esto porque es muy importante y ya lo comentamos previamente.

Los costes fijos existen sí o sí por lo que, sin darse cuenta, están reduciendo tu margen. Es más, en ocasiones, lo están reduciendo tanto que, en lugar de ganar dinero, lo estás perdiendo con cada venta

COMPARA

Lo que te has gastado con lo que le has facturado. Y pon la diferencia en porcentaje sobre lo que te ha facturado.

Pasa al segundo cliente de la lista y repítelo hasta acabar con todos los del listado.

Reordena en función del porcentaje de ganancia sobre lo facturado. Verás cómo cambia la foto.

Y ahora que conoces su rentabilidad, qué hacemos con esta información.

Ya sabes que no solo importa lo que facturen. Importa, mucho, el margen que te queda a ti después.

Y el truco está en ordenar a tus clientes, priorizarlos en función de ese margen. Ni más ni menos.

OJO, que no te estoy diciendo que a tus clientes de peor rentabilidad les trates peor que tu estándar (que debe ser de calidad superior).

Ni tampoco que no prestes una atención especial a quien te factura más.

Ni de coña.

Lo que te estoy diciendo es que a tus clientes de mayor rentabilidad les trates mucho mejor. Sobrepases sus expectativas, les deslumbres, porque si consigues que se den cuenta de la calidad de tus servicios/productos y siguen confiando en ti, la rentabilidad media de tu negocio crecerá y con ella tus flujos de caja.

Se trata de que sepas qué clientes te dejan realmente dinero, y que pongas el foco en ellos.

CAPÍTULO 30. CÓMO AUMENTAR TUS VENTAS USANDO EL PRINCIPIO DEL CONTRASTE

Empecemos por el principio.

¿Te gustaría aumentar tus ventas?

Sí. Seguro.

A esto respondo yo por ti.

¿Conoces el Principio del Contraste?

Sí. Seguro que lo conoces.

Respondo también por ti porque estoy convencido de que conoces este principio. Día a día lo están aplicando en los anuncios de televisión, en las etiquetas de precios en las tiendas, en los periódicos.

Todos los días.

Te voy a contar una historia de un lector, extraída del libro Influencia de Robert B. Cialdini que te va a poner en antecedentes:

"Mientras esperaba un avión escuché que un vuelo había sido sobrevendido y que si los pasajeros querían coger otro avión que salía más tarde serían compensados con un bono de ¡10.000 dólares! Evidentemente, esta cantidad exagerada era una broma para relajar el ambiente, y efectivamente lo consiguió. Sin embargo, cuando reveló la oferta real (200 dólares), nadie la aceptó. Tuvo que subirla a 300 y posteriormente a 500 dólares"

Existe un principio en la percepción humana.

Ese principio es el del Contraste y es el que está manifestándose en esta pequeña historia.

Afecta al modo en que vemos dos cosas que se nos presentan seguidas.

Si la segundo es bastante diferente de la primera, tendemos a percibirla realmente mucho más diferente de lo que realmente es y te lo explico con dos ejemplos:

- Si levantas un objeto ligero y, después, otro pesado éste te parecerá más pesado aún de lo que es.
- Si estamos en una fiesta, hablando con una persona muy atractiva, y más tarde nos encontramos con alguien menos atractivo, parecerá menos atractivo de lo que realmente es.

Esto es así. En todas las interacciones que ejerces.

Un buen vendedor de ropa aplica este principio todos los días.

Imagina que tienes que comprarte una blusa, un vestido y un cinturón.

Si la persona que te lo está vendiendo es una buena vendedora, primero te ofrecerá el vestido, después la blusa y más tarde el cinturón.

¿Por qué?

Porque sabe cómo funciona tu cabeza.

Porque sabe que, inconscientemente, verás como mucho más baratos de lo que son la blusa y el cinturón, porque estarás comparándolos con el precio del vestido. Porque, incluso, la blusa más cara parecerá más barata en comparación con el precio del vestido.

Principio del Contraste.

Siempre funcionando.

Siempre influyendo.

El mismo principio lo aplican algunos vendedores de casas, que siempre tienen en cartel una casa que está en un estado deplorable y con un precio muy alto. Y esta casa solo se enseña para que el resto de casas, las que realmente quiere colocar el vendedor, parezcan mucho mejores en comparación.

Y lo mismo observas en las rebajas, cuando aparece el precio anterior y el precio rebajado.

¿A qué ahora sí lo reconoces?

¿A que ahora sí ves cómo el principio del contraste ha sido utilizado para influenciar en tu comportamiento?

Una vez que te has dado cuenta de el modo en que puede ser utilizado,... ¿Cómo conseguirás aumentar tus ventas usando el Principio del Contraste?

¿Cómo conseguimos ponerlo de tu lado?

Seguro que se te han ocurrido ya unas cuantas formas de utilizarlo, pero si te parece voy a darte alguna que puedes emplear y que ayudará a modificar la forma en que tus clientes perciben tus productos:

- Siempre que ofrezcas un descuento refleja previamente el precio anterior a la rebaja.
- Ten varios formatos de tu producto: uno *premium*, uno normal y uno básico. Presenta primero el *premium* y después el resto, para que el precio del primero haga que el principio del contraste te sea favorable.
- Si tu producto es mejor que el de tu competencia, indica las características del de tu competencia y después incorpora las mejoras que ofreces tú. De esta forma, de nuevo, el principio del contraste estará funcionando.

Pues ya lo tienes.

Ya lo conocías, seguro, pero ahora tienes las herramientas para poder utilizarlo a tu favor.

Para aumentar tus ventas usando el Principio del Contraste.

CAPÍTULO 31. SIETE TRUCOS PARA GANAR EN UNA NEGOCIACIÓN

Negociar forma parte de tu día a día profesional. Es más, yo diría que forma parte de tu vida. Es lo primero que aprendes al nacer. A negociar.

¿Tienes hijos?

Si los tienes seguro que sabrás de lo que te estoy hablando. Ellos siempre están negociando. Nunca se cansan.

Seguro que es algo que has ido aprendiendo a lo largo de tu experiencia profesional. Pero me gustaría hacer una pequeña recopilación de siete trucos que me han ayudado en las distintas negociaciones que he llevado a cabo a lo largo de mi carrera (y te hablo desde los cerca de 500 contratos que firmé con propietarios de terrenos cuando comencé en el sector de las telecos hasta las negociaciones de presupuesto que manejo en la actualidad). Son siete trucos que vas a poder aplicar fijo en tu día a día. Sencillos y eficaces.

TRUCO 1: BÚSQUEDA INICIAL.

Intenta -siempre- negociar contando con una alternativa a la propuesta que tienes encima de la mesa. Con la libertad de que al menos puedas elegir. Con otra carta al menos bajo la manga.

TRUCO 2: QUE EL OTRO HABLE PRIMERO.

Deja que la otra parte sea quien hable primero y asegúrate de que es la otra parte quien pone el primer precio encima de la mesa. De esta forma siempre tendrás una primera referencia.

TRUCO 3: APUNTA BAJO CUANDO DES TU OFERTA.

En caso de que, por lo que sea, no puedas utilizar el truco 2, haz una oferta baja (sin insultar). Que no te dé miedo. Es impresionante lo que eres capaz de conseguir cuando sales con una oferta baja porque muchas veces la consideración "alta" "baja" no es la misma en los dos lados de la mesa.

Sólo piensa: "¿Y si me la aceptan?"

TRUCO 4: QUE EL TIEMPO JUEGUE A TU FAVOR.

No dejes que te metan prisa. Es uno de los trucos más antiguos del mundo para vender. La urgencia fingida. (el clásico "unidades limitadas"). Utiliza el tiempo a tu favor e intenta que la urgencia la tenga la otra parte. Nunca tú.

TRUCO 5: TEN EN CUENTA LAS CONCESIONES.

No te olvides de ellas. Ten preparado un listado de concesiones, de cosas que puedas ceder a cambio de otras inamovibles. Tus líneas rojas. Intenta conseguir concesiones de la otra parte, en la medida de lo posible sin dar nada a cambio. Y cuando sea necesario, que sea un intercambio de beneficios mutuo, nunca cedas nada sin contrapartida.

TRUCO 6: QUE NO TE LÍEN MEZCLANDO COSAS.

Intenta tratar las cosas de una en una. Es muy sencillo complicar toda la negociación uniendo cosas separadas de forma que, al final, no sepas ni dónde te encuentras. Negocia punto por punto y ve cerrando esos puntos sin volver a abrirlos una vez que lo hayas cerrado.

TRUCO 7: TOMA NOTAS.

La mejor memoria es un buen papel. No lo olvides. Toma nota acerca del desarrollo de la reunión. Sobre todo en las reuniones largas y, si te lleva varias sesiones, al acabar cada una haz un pequeño resumen escrito de lo tratado.

CAPÍTULO 32. SIETE TRUCOS PARA INFLUIR EN LOS DEMÁS

Cuando consigues que una persona modifique su comportamiento y acepte tu propuesta estás utilizando tus habilidades de influencia.

Sí, lo estás haciendo.

Las personas que influyen en los demás tienen varias características en común:

- Tienen energía y entusiasmo.
- Son personas normalmente calmadas y con un carácter sosegado.
- Tienen la capacidad de actuar de forma imparcial y con neutralidad.
- Son personas con confianza en sí mismas.
- Son personas empáticas y que se preocupan por las personas de su entorno.

Y utilizan básicamente dos estilos de influencia: los ingleses los llaman Push & Pull y hablaremos de ellos más adelante.

Es posible que seas capaz de conseguir que las cosas sucedan únicamente porque tienes el poder o la autoridad suficiente para hacerlo.

Hay distintos tipos de poder y en cada situación puedes tener uno, varios o ninguno de ellos, lo cual incrementará, o no, tu capacidad de influencia.

Estos distintos tipos de poder son:

- Poder personal: el más poderoso. Sale de ti. Tu carisma, tu personalidad, tu magnetismo.
- Posición: surge del puesto que ocupas.
- Experto: surge de tu conocimiento específico acerca de algún tema.
- Coercitivo: surge de las amenazas que realizas, de tu capacidad para ejercer presión.
- Moral: viene de la ejecución de actos que son considerados justos, buenos o virtuoso.
- Social: viene de tu red de contactos.

Tienes que ser consciente de que igual que usas los distintos tipos de poder que te he comentado, también puedes utilizar dos tipos de influencia, los dos que te comenté antes: PUSH & PULL.

ESTILO PUSH

Es un estilo construido sobre la base de empujar a la gente a hacer algo. Utilizas este estilo cuando:

- das incentivos y aplicas presión para conseguir algo.
- convences utilizando la razón y los hechos.
- identificas beneficios y negociamos lo que estamos dispuestos o no a ceder.
- utilizas el marco regulatorio

ESTILO PULL.

Este tipo parte de la base de motivar a la gente para que cambie. Para que decida dar el cambio. Estás usando este estilo cuando:

- creas una foto de lo maravilloso que sería todo si se hiciera lo que tú piensas.
- identificas los valores y principios de las personas que tienes alrededor y apelas a esos valores.
- conectas las necesidades de unos y otros para encontrar una solución que satisfaga todas las necesidades.
- trabajas junto a otros para definir el problema y también su solución.

Todos, tú también, necesitamos tener y desarrollar estas habilidades para tratar con proveedores, con clientes o con tu cuñada en la cena familiar.

Siempre.

Por eso te voy a dar siete consejos para reforzar tus habilidades de influencia:

1. Identifica cuál es el estilo de influencia que utilizan las personas a las que quieres influenciar.
2. Captura la atención de esas personas desde el primer momento.
3. Ten preparada una estructura de lo que quieres decir.

4. Utiliza herramientas y soportes que te ayuden a captar su atención.
5. Mantén el interés en tus palabras hablando claro, mirando a las personas directamente a los ojos, variando el tono y la velocidad de tus palabras.
6. Responde positivamente a los desafíos y las objeciones.
7. Termina con una reflexión y resumiendo los puntos principales y pasos siguientes.

Recuérdalo. Siempre estás influyendo en las personas que tienes alrededor. SIEMPRE.

El punto está en hacerlo de forma consciente, buscando conseguir tus objetivos. Ni más ni menos.

BLOQUE VI: CONSTRUYE TU EQUIPO

Hace un tiempo estuve en una sesión formativa acerca del Eneagrama con Alberto Peña Chavarino.

No puedo decir solo que resultara interesante, porque fue algo bastante más allá de interesante. Digamos que, por primera vez, fui consciente al 100% de lo diferente que somos unas personas de otras.

De cómo las personas vemos la vida de forma distinta en función de cómo somos. De cómo tu personalidad influye en tu negocio.

Es como si, cada uno de nosotros, lleváramos todo el día puestas unas gafas de sol, con cristales de distintos colores, lo que hace que todos percibamos la misma realidad pero de forma distinta.

Por primera vez fui consciente, también, de las razones que hacen que yo funcione como funciono y por qué me gusta tanto poner el foco en la anticipación del futuro, en la planificación y en la ejecución eficiente de procesos.

Y lo que es más importante: por primera vez fui consciente de por qué no a todas las personas les apasiona este mundo como a mí. E igualmente de por qué hay personas que dirigen microempresas sin dedicarle tiempo al control de su negocio.

No es porque no tengan tiempo.

No es porque no tengan formación.

No es porque no tengan la experiencia suficiente.

Es, simple y llanamente, porque NO QUIEREN.

Porque no les gusta, porque no les apetece, porque no va con ellas, porque les aburre.

Y no pasa nada. Está bien. Cada persona es como es.

Pero hay que tener cuidado. Me explico.

Si eres pescador, mejor si sabes nadar.

Si eres cocinero en un restaurante argentino, mejor si te gusta la carne.

Si tienes un negocio, mejor si lo controlas.

Es muy probable que tú no seas como yo.

Es muy probable que a ti te enamoren tus productos. Que te enamore lanzar cosas nuevas. Que te enamore la relación con tus clientes. Y que no quieras ni acercarte a tus números, a tus procesos, al control de tu negocio.

Y no pasa nada siempre que tengas a alguien que lo haga por ti.

No por ser como eres tienes que dejar de hacer las cosas que tienes que hacer.

Si no te gusta bajar al mundo del control de tu negocio, si no quieres bajar a mirar números y calcular márgenes, rendimientos, estimaciones para el futuro, cuentas de pérdidas y ganancias o balances...No pasa nada.

Pero alguien lo tiene que hacer por ti. Alguien en quien confíes.

Alguien que te pueda decir, de una forma asertiva, cosas como:

- Este producto tiene un bajo coste y genera muchos ingresos, debes ir en este línea.
- Este otro producto genera poca rentabilidad, habría que revisarlo.
- Para poder alcanzar tu punto de equilibrio en esta línea de negocio necesitas vender tantas unidades.
- Si no controlas tus costes en la producción de este producto, tu rentabilidad va a pasar a ser negativa

Tú no tiene que hacerlo. Porque no te gusta. De acuerdo. Pero tu negocio SÍ LO NECESITA.

¿Qué hace un deportista para evaluar su rendimiento?

Medirse continuamente y ver su progresión.

¿Y qué hace un deportista de élite para medir su rendimiento?

Contratar a profesionales para que lo hagan mientras que él progresa.

Un negocio necesita un seguimiento y una monitorización de sus indicadores financieros.

Y puedes hacerlo tú, por supuesto que sí. O puedes pedirle a alguien que te ayude. Pero tu negocio no puede permitirse que no lo hagas.

Somos personas diferentes, cada uno de nosotros tenemos nuestros miedos e inseguridades. Nuestras capacidades y nuestras debilidades.

No dejes que tu forma de ser impacte negativamente en tu negocio.

Tu personalidad influye en tu negocio, ahora lo sabes. Aprovecha este conocimiento para construir un negocio más robusto.

Actúa y haz que tu negocio cuente con las personas necesarias para cubrir aquellos aspectos que tú no quieras/puedas desarrollar.

CAPÍTULO 33. NO TE PUEDES CASAR CON ALGUIEN SÓLO PORQUE ES RICO

Vaya frase, eh.

Seguro que la tienes grabada en el inconsciente. De las telenovelas. De los libros. De las series de juventud (90210 y esas cosas, ¿te suena?)

No te puedes casar con alguien sólo porque es rico.

Está mal visto que alguien se case con otra persona, única y exclusivamente, por su dinero y es algo que se nota en los comentarios de las personas cuando hablan de parejas de distintas edades, condiciones sociales e incluso, nacionalidades.

Está mal visto.

Y, sin embargo, hay otras cosas que solamente se hacen por dinero y están socialmente aceptadas.

Hay muchas personas que, un día tras otro, van a la oficina por dinero. Sin querer su trabajo, sin estar contentos con lo que hacen, sin respetar las decisiones de su empresa.

Se alquilan por dinero.

Y muy baratos por cierto.

¿Has hecho el ejercicio de a cuánto cobras la hora? Descontados todos los gastos que tengas por trabajar (ropa, coche, transporte). Coge el dinero que ganas, réstale el dinero que gastas por trabajar y divídelo por las horas que trabajas. ¿A cuánto te sale la hora?

Después hay otras que al darse cuenta de esa realidad deciden parar, respirar y tomar otro camino. Un camino que les permita hacer lo que quieren, lo que les apasiona.

Alguien como tú.

Alguien que decidió, en su día, dar el paso y comenzar otro proyecto. Andar un nuevo camino porque ya sabía donde le llevaba el anterior. Y ahora está disfrutando de su momento.

Disfrutando día a día de su pasión.

Enhorabuena.

En su momento decidiste cambiar tu forma de pensar y dejar de alquilarte por dinero. Variar tus emociones y empezar a sentir otras cosas. Esto hizo que hicieras nuevas cosas, lo cual modificó tus hábitos y tu vida evolucionó.

Enhorabuena. Mira atrás y contempla lo que has conseguido. Eres una máquina.

Ahora bien, tu situación ha cambiado. Ahora dependes de ti y de lo que tú consigas. De tus clientes y de tus fuentes de ingresos. Las cosas te están yendo muy bien, estás creciendo en ventas.

Y estás empezando a jugar a otro nivel. A un nivel profesional.

Ya no le puedes dedicar el 100% de tu tiempo a lo que a ti te apasiona de tu negocio porque tienes que vigilar otros aspectos. Ya no puedes dedicar el tiempo que te gustaría al diseño de un producto porque tienes otros mil asuntos que atender.

Has crecido. Tu negocio ha crecido. Pero tu día no ha crecido, sigue teniendo 24 horas.

Y tienes que elegir a qué quieres dedicar esas 24 horas. Qué no puedes desatender y a qué le debes dedicar el 100% de tu atención, de tu foco.

Ya no alquilas tu tiempo a una empresa.

Sin embargo, ahora alquilas tu tiempo a tu negocio y estás empezando a notar que te hace falta más tiempo.

Más tiempo para volver a dedicarlo a las cosas que te gustan. Como cuando arrancaste.

Cada día sientes que deberías volver a reactivar el ciclo: cambiar forma de pensar, emociones, hacer cosas nuevas, modificar hábitos, hacer que tu vida evolucione.

Te voy a dar algunos síntomas -en forma de frase de personas con las que he trabajado- que te van a ayudar a identificar si te encuentras en esta situación:

"Estoy totalmente bloqueada en esto sin saber qué decisión tomar. Solo veo las desventajas de ambas opciones y no estoy segura de por qué opción decidirme"

"Estoy trabajando en muchos frentes a la vez. Tantos que, a veces, no estoy segura de si estoy empleando mi tiempo donde realmente debo"

"Trabajo mucho, muchas horas, soy muy exigente a la hora de preparar los pedidos y, últimamente, estoy desbordada por ellos pero no acabo de ver ese trabajo reflejado en mi cuenta corriente"

El día a día no nos permite tomar decisiones.

Nuestra mente se forma un marco de actuación que hace que repitamos procesos que, en algunas ocasiones, son erróneos. Así olvida otras formas de actuar que ya empleamos, en su día, y que nos hicieron darnos cuenta de que lo que estábamos haciendo no era lo que queríamos hacer.

Olvida que podemos hacer más cosas si nos dedicamos a lo que debemos.

Ya diste un cambio en tu vida para dedicarte a lo que te apasionaba.

Quizá ahora sea el momento de un nuevo cambio.

Quizá ahora sea el momento de volver a cambiar formas de hacer las cosas.

Quizá ahora sea el momento de dirigir tu foco hacia el núcleo central de tu negocio, dejando las actividades secundarias en otras manos.

¿Tú qué crees?

CAPÍTULO 34. HAS PENSADO EN LAS VENTAJAS DE EXTERNALIZAR SERVICIOS

Todas las grandes empresas lo hacen. Y la mayor parte de las pequeñas también. Y tú también te lo estás planteando.

Sientes cansancio de hacerlo tú todo ¿a que sí?

¿Y has pensado en las ventajas de externalizar servicios?

La primera vez que oí hablar de externalización de actividades estaba en la carrera. Era una asignatura de Organización Empresarial o Estructura, o algo así. Ya no me acuerdo exactamente del nombre. Lo que sí recuerdo es que es un tema que siempre me llamó la atención.

En teoría externalizar actividades te permite:

- Variabilizar costes (esto es que tienes más costes si vendes más y si vendes menos tienes menos costes).
- Ganar en calidad y competitividad (porque se encarga de hacerlo un especialista).
- Ganar tiempo (puesto que eres más flexible a la hora de tomar decisiones y te adaptas al mercado).
- Reducir tus inversiones en tecnología (que estarían cubiertas por las contratas que además sacarían una mayor rentabilidad a sus activos al ponerlos a disposición de distintas empresas).
- Reducir riesgos por contingencias laborales (bajas, vacaciones, maternidades).
- Delegar responsabilidad garantizando el servicio (dado que puedes "echarle la culpa" a alguien si las cosas no salen como esperas).

Estas eran, principalmente, las ventajas junto con liberar recursos para dedicarlos a la creación de valor porque incluso podías reducir costes gracias a las economías de escala a las que podía acceder un especialista.

Un ejemplo muy claro de esto es el transporte de mercancías. Si acabas de montar tu empresa, y mandas productos por toda España, es imposible que puedas hacer de forma interna todo el proceso (salvo que tengas una flota de vehículos industriales repartidos por toda España). Lo más probable es que subcontrates esa actividad a un operador especialista como Seur, Fedex, MRW, etc.

¿Qué te parece? Algo bueno, bonito y barato ¿verdad?

Como te decía, esto es lo que aprendí en la carrera. Ahora bien, la experiencia me ha demostrado algo muy importante: aunque, en teoría, puedes subcontratarlo todo no debes hacerlo...

¿Por qué?

Hablemos de creación de valor.

Se crea valor cuando consigues que 1+1 sea igual a 3. Así de sencillo. Y así de complicado.

Imagina que tienes un bar de tapas que factura cien mil euros al año. Y cerca hay una cafetería -a la que noo le va muy bien- que factura 25 mil. Decides quedarte con esa cafetería y montar un bar de copas, de forma que complemente a tu negocio. Ahora consigues que los clientes que iban a tu bar de tapas, cuando acaben los pinchos se tomen una copa en el bar de al lado. Y que clientes que antes no sabían dónde tomar una copa, se queden en tu barrio se tomen la copa y si quieren picar algo vayan a tu bar. Además, consigues que los proveedores te den mejores precios porque tienes dos garitos y combinas horarios de tu personal. Creas sinergias entre ambos. Consigues que 1+1=3.

Hay empresas que, continuamente, están creando valor.

Estas empresas que crean valor, cada vez, valen más. Ya sea en la bolsa, sea en cualquier otro mercado.

Y esta creación de valor se consigue, habitualmente, porque sabes hacer muy bien algo en concreto.

Porque eres un especialista en algo, lo cual te permite diferenciarte de los demás. Esa diferenciación hace que tus clientes te elijan más veces.

Ahora que ya sabes lo que es creación de valor, volvamos a la pregunta.

Aunque en teoría puedes subcontratarlo todo, no debes hacerlo... ¿por qué?

Porque hay tareas, procesos, productos en tu empresa, que son los que crean valor. Y estos procesos/productos son los que no debes subcontratar porque estarías perdiendo tu ventaja añadida. Estarías perdiendo lo que hace que tu empresa cree valor. Y cuando una empresa no crea valor lo destruye. Y cuando lo destruye, se muere. Simple y llanamente.

Si fabricas joyas de diseño, y tus clientes te buscan por el diseño, no puedes subcontratar el diseño. Puedes subcontratar la fabricación, la comercialización, pero nunca el diseño. Y, de hecho, deberías centrar tus esfuerzos en diseñar más. Eliminar todas las actividades que te quitan tiempo de diseñar y centrarte, única y exclusivamente, en diseñar. Necesitas tiempo para utilizar tu fortaleza con el fin de distanciarte.

La idea es sencilla: céntrate en el corazón de tu negocio, en lo que mejor sabes hacer y deja que otras personas se ocupen del resto.

Por dos razones:

1. Para que tú hagas lo que mejor sabes hacer.

2. Para que de las otras tareas se encarguen personas que saben hacerlo mejor que tú.

Y ojo, que no estoy diciendo que dejes de saber de tus procesos.

Estoy diciendo que aproveches mejor tu tiempo.

Soy experto en procesos de eficiencia de costes y de incremento de márgenes. Ese es mi punto fuerte porque es algo que me gusta hacer y que llevo mucho tiempo haciendo. Y podría decirte: "Déjame que lleve todos tus números y tus cuadros de mando y verás que bien te va. Es mi trabajo, soy un experto".

Sin embargo, nunca lo haré. Y cometerías una locura si admitieras esto.

¿Por qué?

Porque considero que conocer tus números, tus indicadores forma parte de tus actividades *core*, de las principales de tu negocio.

Del corazón de tu empresa.

Y tú, como el motor de tu empresa, debes conocerlos y tomar decisiones con base en esas variables, en esos indicadores.

Sin embargo lo que sí te diré es:

"Déjame que te ayude a tomar decisiones, que sepas dónde tienes que poner atención, a decirte qué tienes que hacer tú y que tienes que dejar hacer a otros, a generar información que te permita tomar la mejor decisión"

Se puede subcontratar una gran parte de actividades, pero no puedes subcontratar aquellas que crean el valor de tu empresa. Esas actividades las tienes que llevar a cabo tú.

Nunca lo olvides. O destruirás valor. Y destruirás tu empresa.

CAPÍTULO 35. EL ERROR QUE DEBES EVITAR SALVO QUE QUIERAS HUNDIR TU EMPRESA

Tu empresa va como un tiro. Crecimiento en clientes, en facturación. Y te estás planteando abrir nuevas líneas de negocio, expandirtey ofrecer nuevos productos aprovechando el tirón.

Estás arriba, muy arriba.

Y el golpe puede ser fuerte, o muy fuerte.

Es muy probable que estés a punto de cometer el Error Invisible. Es el principal error que debes evitar, salvo que quieras hundir tu empresa.

Según el Instituto de la Empresa Familiar solo el 33% de las empresas familiares llegan a la segunda generación y tan solo el 13% llega a la tercera. Es decir, están tocadas de muerte desde el principio.

Y tú dirás "hombre, me estás hablando de tres generaciones. Ojalá mi empresa aguante tres generaciones."

Ya...

Espera un momento que te voy a dar algún dato más de la Federación Nacional de Asociaciones de Trabajadores Autónomos (ATA): más de la mitad de las empresas que se crean no superan los cinco primeros años de andadura. En concreto, el 80% de las pequeñas y medianas empresas fracasan antes de los cinco primeros años y el 90% no llegan a los 10 años.

Y ojo: el 50% de los nuevos autónomos que se dan de alta diariamente cierran antes de los tres años.

Esto está sucediendo hoy, a tu alrededor, y estoy convencido de que conoces casos en tu entorno que lo demuestran.

¿Sabes por qué?

Las causas aparecen claramente especificadas en el libro Causas de fracaso de los emprendedores de RedEmprendia

Tabla 1.2. Clasificación general de las causas del fracaso en el emprendimiento.

Causas del fracaso en el emprendimiento	Interna	Finanzas
		Gestión
		Producto y mercado
		Recursos Humanos
	Externa	Finanzas
		Gobierno y entorno
		Producto y mercado

Fuente Gulst y Maritz (2011).

Centrándonos en las causas internas, y considerando que están en orden de importancia, vemos que la causa principal del fracaso al montar tu negocio son las finanzas y la gestión.

Lo cual, por otra parte, es completamente lógico.

¿Por qué las finanzas y la gestión son las razones principales del fracaso empresarial?

Porque la mayor parte de los negocios que arrancan lo hacen sin que sus dueños tengan formación alguna en gestión empresarial y financiera. Y sí, sé que estoy siendo muy directo pero es verdad.

Tú le pones corazón a tu negocio. Le pones energía. Te partes el pecho por darlo todo. Pero no es suficiente. Te falta algo. Y no hace falta que te lo cuente yo. Tú ya lo sabes antes de que escriba estas palabras.

Y éste es tu mayor error: no estás profesionalizando tu negocio y por lo tanto tu crecimiento puede ser tu muerte empresarial.

Te lo cuento con la historia de dos empresas familiares que apostaron por dos modelos de gestión:

NUEVA RUMASA:

Zoilo, María Teresa, José María, Alfonso, Pablo, Javier y Álvaro. Estos eran los integrantes del consejo de administración de Nueva Rumasa. Todos ellos son hijos (salvo María Teresa Rivero, esposa) de José María.

¿Sabes dónde está Nueva Rumasa?

ZARA:

"¿Tenemos al mejor gestor posible dentro de la familia?", se preguntó en su día Amancio Ortega y al responder que no, apostó por Pablo Isla como consejero delegado. Todo ello a pesar de que la propiedad de su grupo industrial sigue siendo de carácter familiar.

¿Conoces algún sitio donde NO esté Zara?

"Una de las patas cojas que tienen este tipo de sociedades es la profesionalización de sus órganos de gestión", explica Óscar Coduras, director de Proyectos y Desarrollo de la Fundación Nexia. Y comparto, por completo, esta opinión.

La visión de un profesional externo te da objetividad, nuevos puntos de vista, experiencia, y te apoya en aquello de lo que tu careces.

Dos modelos diferentes. Dos resultados diferentes. ¿Dónde quieres estar tú?

CAPÍTULO 36. ¿ES EL MOMENTO, AHORA, PARA QUE CONTRATES A UNA PERSONA?

Esta es una pregunta que muchas personas a la cabeza de un negocio se hacen tan pronto empiezan a crecer.

¿No sería mejor esperar un poco?

¿Quizá me esté precipitando y es más conveniente que siga yo haciéndolo todo como hasta ahora?

Esta pregunta ronda, muchas veces, las cabezas de las personas que han decidido emprender su propio negocio y que están viendo cómo, fruto de su esfuerzo, lo que comenzó siendo algo pequeñito -igual que la canción- se está convirtiendo en algo mayor.

Aunque las respuestas a estas preguntas parecen complicadas, en el fondo, todo se reduce a una sola pregunta. Hay que dar respuesta a una sola pregunta. Y en función de la respuesta decidir:

¿Si liberas esas horas para ti serás capaz de generar más ingresos de lo que te va a costar contratar a esa persona?

Si la respuesta a esta pregunta es SÍ, entonces, contrata a alguien ya.

Me explico con dos ejemplos que reflejan las dos respuestas a esta pregunta.

Imagina la situación de una empresaria que se dedica formar a otras personas. Ella lo hace todo, prepara la formación, cuadra la agenda, los presupuestos, hace las ventas, las facturas. Trabaja 16 horas al día haciendo esto. No le da el día para más. Está convencida de que si tuviera más horas podría dar más formaciones. Pero es que no cuenta con más tiempo.

Este es el claro ejemplo de un negocio que necesita a otra persona. Otra persona que se encargue de hacer aquello que no es el corazón del negocio. Si tuviera que dar una recomendación en este caso, yo contrataría a una persona que encajara agendas, preparara presupuestos y facturas.

Ahora imagina otra situación. Un empresario que se dedica a diseñar pero para un solo cliente. Tiene el flujo de trabajo asegurado y no se tiene que preocupar por vender más. De hecho, no puede porque tiene exclusividad con su cliente. Esto significa que, a lo largo del día, tiene horas muertas que no puede cubrir. Hay otras actividades, como la facturación, preparación de presupuestos, gestión de agenda que también lleva él

En este caso no sería necesario contratar a nadie más porque él mismo puede llevarlo sin penalizar su cuenta de resultados.

¿Ves la diferencia entre ambas?

En el primer supuesto, si elige no contratar a la persona adicional, estará perdiendo ingresos futuros porque -literalmente- ella está perdiendo el tiempo cada vez que se dedica a esas tareas.

En el segundo caso, si elige contratar a alguien, incurriría en un coste innecesario, porque, si no lo hiciera, estaría realizando una mejor gestión de su tiempo al utilizar sus tiempos muertos para tareas administrativas.

Estas son dos situaciones opuestas. Casi seguro que la tuya particular se sitúa entre estas dos opciones y no es tan clara la respuesta. Pero el ejercicio numérico que hay que hacer es el mismo. El razonamiento es el mismo y parte de responder a esa misma pregunta.

A esa única pregunta.

¿Si liberas esas horas para ti serás capaz de generar más ingresos de lo que te va a costar contratar a esa persona?

Si la respuesta es que sí, enhorabuena. Es el momento de generar un puesto de trabajo. Y alguien te lo va a agradecer. Mucho.

CAPÍTULO 37. ¡FUERA MITOS! APRENDE DE UNA VEZ CÓMO SABER A QUIEN CONTRATAR PARA TU NEGOCIO

"No tiene sentido contratar a personas inteligentes y después decirles lo que tienen que hacer. Nosotros contratamos a personas inteligentes para que nos digan que tenemos que hacer." – Steve Jobs

¿Cuándo es buen momento para contratar a una persona?

¿Cuándo debes dar el paso de delegar parte de tus actividades si tienes la costumbre de hacerlo por tu cuenta?

¿A quién vas a contratar?

¿Y si a quien contratas rompe la relación que tanto te ha costado crear con tus clientes?

¿Cómo saber cuándo y a quién contratar para tu negocio?

Ahhh... Son tantas preguntas que al final decides seguir haciéndolo todo tú misma, sin delegar.

Total, no pasa nada por sumar otra media hora a tus actividades diarias. No pasa nada porque tu vida social se está reduciendo a compartir por Facebook fotos de los lugares que visitas por trabajo. Y poco más...

Hasta hoy. Se acabó.

Hoy vamos a hablar de cuándo debes tomar la decisión de contratar a alguien y, también, acerca de cómo elegir al mejor candidato.

No te vas a convertir en un *Headhunter* por leer este capítulo. Pero sí vas a tener la información suficiente para romper muchos mitos sobre la contratación de personal.

¿Qué es lo que haces habitualmente?

Tú llevas los platillos, el tambor, la trompeta.

Estás a todas.

Llegas a todo, lo haces todo tú y eso te da una sensación de control sobre tu negocio. De tener un conocimiento absoluto de los entresijos de tu empresa.

Intentas hacerlo por tu cuenta porque de esa forma conoces la naturaleza de ese trabajo. Al margen de porque tampoco te sientes confortable cuando lo hace otra persona.

Y esto está bien...hasta cierto punto.

Porque también te limita al hacer que dediques tiempo que no tienes a cosas que no deberías estar haciendo tú.

¿Cuándo debes contratar a alguien?

Has de contratar cuando te duela. Ni antes ni después.

Es decir, cuando tienes una carga de trabajo superior a la que tú puedes asumir durante un período considerable de tiempo. Es el momento en el que te encuentras con tareas que ya no puedes asumir porque supondría una reducción en tus niveles de calidad.

En ese momento. Cuando tu negocio se resiente. Cuando te duele.

Es el momento en el que debes contratar.

¿A quién tienes que contratar?

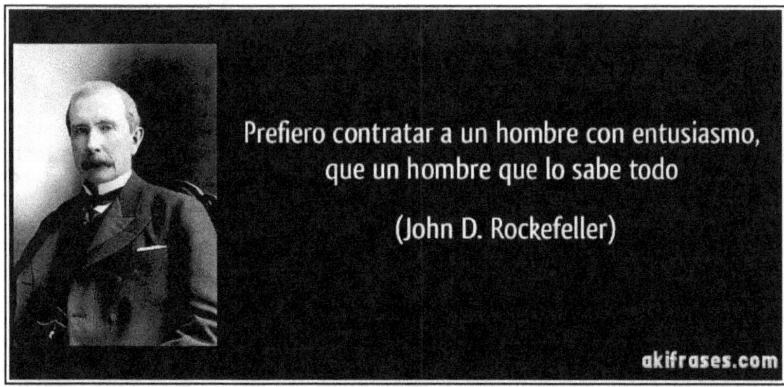

Qué complicado.

¿Contrato a alguien con mucha experiencia?

¿A alguien con poca experiencia pero con una gran personalidad?

¿A mi hermana que está en el paro?

Voy a darte siete consejos imprescindibles que tienes que tener en cuenta a la hora de contratar a una persona:

1.- OLVÍDATE DE CONTRATAR A SUPERFICHAJES

No contrates a gente que no necesitas, aunque creas que es una persona muy válida que aportaría a tu negocio. Contrata a una persona para ajustarla a una necesidad que tenga tu negocio. No al revés, no crees necesidades que no existen para contratar a alguien en concreto.

2.- OLVÍDATE DE LOS CURRICULUMS Y PRESTA ATENCIÓN A LAS CARTAS DE MOTIVACIÓN QUE LOS ACOMPAÑEN.

En estas cartas vas a ver su capacidad de comunicación real y comprobar si se encuentra en sintonía contigo y con tu empresa.

3.- OLVÍDATE DE LOS 5 AÑOS DE EXPERIENCIA

Es evidente que exigir un mínimo de especialización, al contratar a alguien, es una buena idea. Una persona tarda entre seis meses y un año en aprender a desempeñar su puesto de trabajo y aportar valor porque es el tiempo que necesitan para aprender cómo funcionan las cosas, comprender las herramientas, los procesos...pero, a partir de ese momento, la curva desciende.

No hay tanta diferencia entre una persona que lleva desempeñando un puesto durante un año y el que lleva cinco años en el mismo puesto. La diferencia estará en su capacidad, su inteligencia, su entrega, pero no en el tiempo.

4.- OLVÍDATE DE LAS CALIFICACIONES ACADÉMICAS

Hay muchas personas inteligentes que no destacaron en clase o que incluso no acabaron sus carreras universitarias pero son las más indicadas para acompañarte. No las descartes únicamente por su formación académica, dale una vuelta más, sobre todo si tu instinto te dice que lo hagas.

5.- CONTRATA DIRIGENTES DE SU VIDA

Ya sabes a qué tipo de personas me refiero. A las que se marcan sus propios objetivos y los llevan a cabo. A las que no necesitan a una persona que esté encima de ellas. A las que marcan ritmos, distribuyen tareas, determinan lo que hay que hacer en sus propias vidas. Este tipo de personas te permite avanzar más y gestionar menos.

6.- SI TIENES QUE ELEGIR ENTRE VARIOS, CONTRATA AL QUE ESCRIBA MEJOR.

Escribir con claridad implica pensar con claridad y una persona que escribe bien es comprensible, se hace entender. Al margen de que, en los días que vivimos, la comunicación escrita forma parte imprescindible de nuestra vida (correo electrónico, blogs, mensajería instantánea...).

7.- LOS MEJORES PUEDEN ESTAR MUY LEJOS DE TI Y DEBES CONTAR CON ELLOS.

Hoy en día existe la tecnología suficiente para ser capaz de desarrollar muchas tareas de forma *online*. La geografía no importa tanto como el talento.

Y recuerda...Tú elegiste abrir tu propio negocio porque te encantaba tener tu propia vida, tu libertad, tu independencia. El momento para contratar es cuando sientas que estás perdiendo esa libertad y cualquier persona que te acompañe en el camino debe partir de esas premisas y compartirlas.

BLOQUE VII: APRENDE A TOMAR DECISIONES

El proceso de toma de decisiones es complicado. Muy complicado.

De hecho hay muchas personas que no soportan tener que tomar una decisión, y aún teniendo criterio válido para hacerlo, deciden delegar en otras personas para decidir.

No pasa nada si delegas la toma de decisiones bajo un proceso de decisión establecido. Me explico...

En una gran empresa, el CEO (Chief Executive Officer) delega parte de sus decisiones en los Directores de Área, quiénes a su vez delegan en sus Directivos, quienes a su vez delegan en sus mandos intermedios, quienes delegan en los curritos.

No pasa nada por delegar decisiones como parte de un proceso, puesto que de lo contrario las grandes organizaciones no podrían funcionar.

Sin embargo, no puedes delegar el proceso de toma de decisiones porque no quieras decidir.

Aún cuando sepas que el proceso de toma de decisión a veces puede ser algo muy duro.

Aún cuando tomar una decisión supone algún tipo de conflicto o de insatisfacción para alguien.

Tienes que recordar una cosa: para eso estás dónde estás.

Para eso eres la gestora de tu negocio, para responder ante un problema, ante un cambio, una caída en el desempeño de tu negocio, una dificultad inesperada.

Debes responder ante esas situaciones, por eso debes decidir sabiendo que cada decisión presenta sus propios retos y que cada persona tiene muchas formas de aproximarse a un mismo problema.

Por eso necesitas una forma sistemática de tomar decisiones, para que sin importar qué tipo de decisión tengas que tomar, puedas hacerlo con la confianza de que has utilizado las herramientas adecuadas.

Efectivamente.

Esto existe.

Existen procesos sistematizados de toma de decisiones. Es llevar al terreno de la gestión lo que llevamos haciendo desde que nacemos. DECIDIR.

¿Te gustaría tomar decisiones utilizando una metodología adecuada?

Adelante entonces, la metodología consta de tres pasos:

- crear un entorno adecuado de toma de decisiones.
- Elegir la mejor solución para cada problema
- Ejecutar la mejor decisión de forma impecable

Paso a paso.

Comencemos.

CAPÍTULO 38. CÓMO CREAR UN ENTORNO ADECUADO DE TOMA DE DECISIONES

¿Cuántas veces has estado en una reunión en la que hay distintas personas y cada una de ellas parece estar hablando de distintos asuntos?

Hay un par de ellas que siguen hablando del fin de semana porque acaban de llegar. Hay otro par que no saben muy bien para lo que han sido convocadas. Hay otro que ya está pensando en irse, y estás tú, en tu silla, confiando en poder conseguir su atención para plantear tus propuestas.

Esto es justo lo que pasa cuando no hay un Entorno de Toma de Decisiones creado; por eso es tan importante que, todos y cada uno de los involucrados, entiendan el tema de discusión incluso antes de prepararse para tomar una decisión. Esto incluye considerar lo siguiente.

1. Acordar un objetivo. Es decir, identificar cuál es el problema que tiene que ser solucionado y saber por qué ha de ser solucionado (ten en cuenta que no todos los contratiempos tienen que resolverse ahora mismo).
2. Identificar a las personas realmente afectadas. En el proceso de toma de decisión deben estar todas las personas afectadas y solo éstas. Nadie más. El resto es ruido.
3. Asegurarse de que se está discutiendo acerca de ese objetivo. O sea, que no se habla de pájaros y flores. Que no se diluye la conversación en otros temas.
4. Recabar información sobre el problema y los factores que lo envuelven.
5. Determinar en base a qué vamos a valorar las alternativas y vamos a decidir qué es mejor y qué es peor.
6. Establecer el proceso para llevar adelante la decisión que se acuerde.

Este es el primer paso para asegurar que tomas una decisión adecuada, crear un entorno adecuado de toma de decisiones.

Espera, que sé por dónde vas.

"Mi empresa es un micronegocio. Esto está pensado para una gran empresa no para mi negocio"

Excusas para no hacerlo.

Te pongo un ejemplo:

Quiero subir el precio de mis productos un 50% pero no sé si hacerlo o no.

- Acordar un objetivo: quiero subir el precio un 50%. ¿A todos los productos? No, solo a los dos más vendidos. ¿Por qué? Porque estoy viendo, en mi día a día, que mi negocio no me da toda la rentabilidad que busco. ¿Es un problema ahora? Sí, porque o lo hago ya o se pasa la temporada, no puede esperar.
- Identificar las personas realmente afectadas: a quién le afecta esta subida. A los clientes que consumen estos dos productos. Y a mí.
- Asegurarse de que se está discutiendo acerca de ese objetivo: el objetivo es decidir si puedo subir un 50% dos productos en concreto y cómo afecta a los clientes que consumen mi producto.
- Recabar información sobre el problema: en cuánto queda el nuevo precio, cómo se vería incrementada mi rentabilidad por realizar esa subida, a cuántos clientes estoy afectando, qué les voy a ofrecer en contraprestación.
- Determinar en base a qué vamos a valorar las alternativas. Decidiremos un sí o un no en función de los nuevos ingresos que genere la respuesta de los clientes a esa decisión.
- Cerrar el proceso: cuándo realizamos la subida, cómo comunicamos, etc.

Vaya...Parece que sí que es aplicable a cualquier decisión... Pues claro.

Crear un entorno adecuado de toma de decisiones facilita cualquier toma de decisión, desde una M&A (*merger and adquisition*) a preparar tu lista de la compra.

Ahora es tu turno. Empieza a aplicarlo, directamente, en tu negocio.

CAPÍTULO 39. CÓMO TOMAR LA MEJOR DECISIÓN PARA TU PROBLEMA

En el capítulo anterior te contaba cómo crear un entorno adecuado de toma de decisiones como requisito imprescindible para poder resolver tus problemas de una forma eficaz y eficiente (que, por cierto, no es lo mismo: eficaz es utilizar un misil para matar una mosca porque la matas seguro. Eficiente es usar tu mano porque obtienes el mismo resultado pero utilizando menos recursos)

En este hablaremos acerca de cómo elegir la mejor solución para tu problema.

Si recuerdas, siendo la persona que gestionas tu negocio tienes que tomar decisiones. Sí o sí. Día a día. Para resolver problemas. Y existe un proceso sistematizado de toma de decisiones utilizando una serie de pasos completamente definidos, testados y que funcionan.

El primer paso era crear un entorno adecuado de toma de decisiones, que se basaba en:

1. Acordar un objetivo.
2. Identificar las personas realmente afectadas.
3. Asegurarse de que se está discutiendo acerca de ese objetivo.
4. Recabar información acerca del problema y los factores que lo envuelven.
5. Recabar en base a qué vamos a valorar las alternativas.
6. Cerrar el proceso para ejecutar la decisión.

Una vez generado este contexto podemos pasar al segundo paso para tomar decisiones de forma adecuada.

Para poder aplicar una solución u otra, primero tenemos que conocer todas las alternativas de las que disponemos, o si no todas, al menos varias que nos permitan elegir la mejor.

Si eliges la primera opción es muy probable que te estés equivocando, de ahí la importancia de encontrar más soluciones alternativas que te permitan decidir entre varias.

Para poder identificar estas "potenciales soluciones" la forma más habitual es utilizar el proceso que se conoce como *Brainstorming*. Seguro que lo conoces pero por si acaso te lo defino: es la llamada Tormenta de Ideas y se basa en sentarte en una sala, a ser posible con otras personas que conozcan el problema, y soltar ideas para intentar resolverlo.

Lo esencial de este proceso es que NO HAY NINGUNA IDEA MALA.

Da lo mismo que una idea sea descabellada.

Da lo mismo que parezca una locura.

Lo importante es que las ideas aparezcan porque de cada idea nacen otras y, de entre todas, emerge la solución.

Una vez que tenemos el listado de ideas, entonces, nos toca seleccionar la mejor evaluando cada una de ellas en base a unos criterios. Se trata de anticipar los resultados de cada una de las ideas, de forma que nos podamos hacer una idea del escenario en el que estaríamos si llevamos a cabo las alternativas que estamos planteando.

Para llevar a cabo este proceso con la mayor eficiencia posible, debes tener en cuenta, para cada una de las alternativas, estos tres factores:

- Riesgo. Algunas alternativas tienen más riesgo que otras. Debes clasificarlas en función de su riesgo.
- Consecuencias. No puedes predecir, al 100%, lo que sucederá pero sí puedes anticipar lo que pasaría en caso de elegir cada una de las opciones.
- Viabilidad. ¿Hasta qué punto la solución que estás planteando es viable?

Si has seguido estos pasos, ahora mismo, delante de tu cara tienes un listado de potenciales soluciones con el riesgo asociado a cada una, las consecuencias de llevarlas a cabo y la viabilidad de su implantación.

Todo ello a tu alcance.

Ahora solo has de decidir qué solución implementar, que sería la opción que teniendo menor riesgo, no tenga consecuencias no deseadas y sea lo más fácil posible de ejecutar.

Esa es tu decisión, completamente razonada y motivada.

Es la solución a tu problema y está basada en todas las perspectivas y experiencias de las personas involucradas en el proyecto por lo que, también, tiene una parte de intuición (que, en algunos casos, es casi tan importante como la objetividad)

CAPÍTULO 40. CÓMO EJECUTAR TU DECISIÓN DE FORMA IMPECABLE

Tú, tomas decisiones todos los días. Sí.

Te des cuenta o no. Y esas decisiones afectan a tu negocio, a tu vida y a cómo interrelacionan ambos. Lo quieras o no.

Por eso es tan importante aprender a tomar decisiones de una forma sistematizada que te permita eliminar la incertidumbre.

Y, lo mejor de todo, es que existe un método que te posibilita para hacerlo y que se compone de tres pasos

1. Crear un entorno adecuado para la toma de decisión
2. Elegir la mejor solución a tu problema.
3. Ejecutar la decisión.

Ya hemos hablado de los dos primeros. Ahora ya podemos ir al último paso: EJECUCIÓN.

La definición de la RAE para el verbo ejecutar es la siguiente: "Desempeñar con arte y facilidad algo" Sin embargo, en el mundo empresarial, esta definición se queda corta.

Ejecutar algo de forma impecable es mucho más que desempeñar con facilidad algo. Ejecutar algo de forma impecable significa comunicarlo, implementarlo y monitorizarlo.

Y tú dirás..." ¿Y esto qué tiene que ver con ejecutar?" Te lo cuento:

COMUNICAR.

La comunicación es una parte imprescindible: si no comunicas bien lo que vas a hacer es muy probable que acabe saliendo algo totalmente diferente a lo que habías pensado.

¿Recuerdas el juego del teléfono escacharrado?

El *tú dijiste, que ella había dicho que él había dicho que...*

¿A que ahora sabes a lo que me refiero?

Una buena ejecución necesita -siempre- un buen plan. Y un buen plan no significa que hagas una memoria de mil páginas para cada decisión que tomes. Se trata de que digas, de la forma más clara posible, lo que se va a hacer, cómo se va a hacer, quién lo va a hacer, por qué lo va a hacer y cuándo se va a hacer (QUÉ, POR QUÉ, CÓMO, QUIÉN, CUÁNDO).

Sencillo ¿a que sí?. Pues a por el siguiente.

IMPLEMENTAR.

Por supuesto. Se trata de llevar a cabo el plan que hemos trazado. Sin esto no hay acción. Y sin acción no hay resultado.

MONITORIZAR.

Si no mides lo que haces es como si no lo hicieras. Esta es la dura realidad.

Una vez implantada una acción debes medir para comprobar que los resultados que esperaban se están dando. La decisión en sí no es lo importante, lo importante son los resultados de esa decisión. Y los resultados solo se conocen si mides.

Sin medición no hay resultados. Sin resultados no tiene sentido la decisión. Una decisión sin sentido es una mala decisión. Y tomar una mala decisión es algo malo para tu negocio.

CAPÍTULO 41. APRENDE A DECIDIR SIN TIEMPO Y DE FORMA INFALIBLE

No tienes tiempo. Lo sé. Y tomas decisiones todos los días.

Por eso necesitas ser capaz de tomar decisiones correctas de forma rápida. Inmediata. Instantánea a veces, diría yo.

En los últimos capítulos te he contado cuál es el proceso sistematizado de toma de decisiones que te permite eliminar la incertidumbre de la decisión. Un método que se compone de tres fases:

1. Crear un entorno adecuado de toma de decisiones como requisito imprescindible para poder resolver tus problemas.
2. Elegir la mejor solución para tu problema.
3. Ejecutar tu decisión de forma impecable.

Siguiendo estas tres fases serás capaz de tomar la mejor decisión. Sin duda alguna.

Sin embargo este sistema tiene un fallo. Uno solo. Pero que dinamita todo el proceso. Necesita tiempo.

Para poder llevarlo a cabo necesitas tiempo. Por eso es importante saber cuándo utilizarlo. No puedes emplearlo en todas y cada una de las decisiones que tomas en el día a día porque paralizarías tu empresa.

Y tú no quieres que tu empresa esté parada. Y yo tampoco. Por eso quiero hablarte de un atajo. Una forma de tomar decisiones infalibles cuando no tienes tiempo para llevar a cabo todo el proceso completo.

Hay un libro que se llama Blink (ya te he hablado de él antes) que nos habla de por qué las primeras impresiones son tan fuertes y por qué, en muchos casos, nos permiten llegar a conclusiones acertadas cuando en apariencia no tenemos información suficiente. Investiga cómo funcionan estas primeras impresiones, las que nos formamos en el tiempo que se tarda en parpadear, y de qué manera influyen en nosotros.

Así mismo nos dice por qué algunas personas son muy buenas tomando decisiones, rápidamente, bajo presión, y otras son un desastre, y cómo se puede mejorar este tipo de habilidad.

Este libro trata, en profundidad, la idea con la que quiero que te quedes: tu capacidad para tomar decisiones en microsegundos.

Te voy a comentar algo que me sucede a menudo.

Como sabes mi especialidad es la planificación financiera y el control de gestión. Eso hace que, muchas veces, trabaje con hojas excel bastante grandes, con varios formulados y en las que reflejo distintos escenarios, cambios de variables, etc.

Pues bien, en ocasiones estoy trabajando con la hoja, y hay algo, en el estómago que me advierte que las cosas no van bien. Que la hoja no está dando resultados correctos.

No sé muy bien lo que es. Es solo una sensación de que algo va mal. Eso sí, cuando tengo esa sensación paro inmediatamente y reviso por completo el documento.

Porque siempre -y esto es así- siempre que he tenido esta sensación, he encontrado un error en mis cálculos. Y el aviso me ha ayudado a solucionarlo.

Estoy convencido de que sabes de lo que te hablo: cuando estás trabajando con algo que controlas, algo que manejas muy bien, y tienes una sensación extraña que te avisa de que algo no está bien. Que algo no va como debería.

Seguro que sabes a lo que me refiero. ¿A que sí?

A menudo, tienes que tomar las decisiones deprisa porque no tienes tiempo suficiente para ir a través de todo el proceso que hemos dibujado. En ese contexto la mejor forma de actuar es dejar que tu intuición te indique el camino más adecuado.

Escuchar a tu intuición. Pero OJO, siempre que tengas muy claro cuál es tu objetivo final.

Esto es un requisito, imprescindible, para que este método funcione.

Tienes que tener claros tus objetivos para que tu intuición te ayude. Tienes que tener diáfano cuál es tu objetivo final. Si no este método no te ayudará. Y no es cuestión de creencias o sugestiones. Es un proceso científico.

CAPÍTULO 42. LA IMPORTANCIA DEL FOCO PARA GESTIONAR TU NEGOCIO

¿Recuerdas cuando éramos pequeños y jugábamos con las lupas?

Una lupa, para mí, siempre fue un objeto casi mágico.

A través de ella podías ver las cosas más grandes, descubrir tesoros ocultos y, si ponías especial cuidado, podías crear fuego.

Alucinante. Casi magia. Y para conseguir esa magia tan solo tenías que enfocar bien.

Era todo una cuestión de foco que hacía que la energía en apariencia dispersa se concentrara en un solo punto con tanta fuerza, con tanta intensidad, que conseguía generar fuego.

Esta es la importancia del foco para gestionar tu micronegocio.

Si eras capaz de enfocar bien la lupa, y concentrar toda la luz en un determinado punto, podías hacer que ese punto empezara a arder.

Magia. Eso es lo que la lupa hacía con la luz solar. Conseguir que toda la energía dispersa se agrupara para un solo fin.

¿A cuento de qué te hablo de esto?

Para que te des cuenta de la importancia del foco para gestionar tu micronegocio.

Por definición eres una persona activa y comprometida. Si no, no podrías haber montado tu negocio sin nadie más.

Y, si no, no podrías estar consiguiendo hacerlo crecer.

Diriges un circo de 3 o más pistas ¿a qué sí?

Ahora le toca al león.

Ahora es el turno del payaso.

Uff... Corre, corre, que ahora salen los trapecistas.

¿Cómo que no hay red? Ahora mismo voy y la pongo.

Parece una broma, pero estoy seguro de que sabes de lo que te estoy hablando. Estás a muchas cosas a la vez.

Porque, si no estás tú, parece que no hay nadie más que pueda hacerlo y, además, porque estás convencida de que no hay nadie como tú que sea capaz de hacer todo lo que tú haces.

Yo también estoy convencido de ello. Pero también tengo el convencimiento de que hay muchas personas capaces de hacer alguna de las cosas que tú haces.

Dirigir un circo de tres pistas es muy complicado y se convierte en una tarea completamente imposible cuando lo estás haciendo a ciegas, sin una guía que te muestre exactamente dónde quieres estar en un tiempo determinado.

Me explico con unos ejemplos.

Si tienes un exceso de caja, porque llevas una temporada muy buena, no puedes regodearte en esas ventas. Tu foco tiene que estar en el medio y largo plazo. En donde quieres estar dentro de un tiempo para continuar vendiendo esas cantidades.

Si tienes la sensación de que dedicas demasiado tiempo a preparar y configurar un producto o servicio, es muy probable que de nuevo estés confundiendo el foco al considerar como importante el tiempo que estás dedicando cuando lo verdaderamente importante, para tu cliente, es el valor que le estás aportando.

Si, por el contrario, tienes un problema de liquidez en el corto plazo, no puedes estar perdiendo el tiempo diseñando productos que vas a sacar dentro de dos meses. Tienes que centrarte en lo que puedes vender ahora.

¿Y cómo puedes saber dónde tienes que poner, realmente, tu foco?

Lo primero que hace el doctor cuando le vas contando que tienes algún tipo de dolor es hacer un diagnóstico y, después, actúa en consonancia con ese diagnóstico utilizando medicamentos que alivien ese dolor. Van al foco del dolor.

Tú, en tu negocio, también tienes dolores. Los dolores no son más que un síntoma de que algo va mal. Estos dolores pueden ser de distinta naturaleza:

- Te puede doler tu tiempo libre, porque sientes que no tienes el suficiente.
- Te puede doler tu rentabilidad, porque sientes que dedicas demasiado tiempo para lo que obtienes.
- Te puede doler tu agenda, porque tareas improductivas se comen el tiempo del que dispones.
- Te puede doler tu liquidez, porque -de vez en cuando- tienes problemas de tesorería (sobre todo a principio de cada trimestre).

Son distintos dolores. Y estos dolores se quitan pero con la medicación adecuada, con tu concentración puesta en un solo lugar, con tu foco puesto en quitar ese dolor. Ahora. No mañana. No dentro de una semana. No cuando acabe este proyecto.

Debes parar, analizar, tomar decisiones y actuar conforme a esa decisión, poniendo tu foco en ella. Nada más.

Detenerte para darte tiempo y que puedas analizar cuál es tu problema, tomar la mejor decisión y poner todo tu foco para implantarla.

Parar --> Analizar --> Tomar decisiones --> Ejecutar con foco.

Este método es, continuamente, implantado en distintas grandes compañías por consultoras como Mckinsey, Accenture, Deloitte...

¿Qué más necesitas para aplicarlo tú en tu negocio?

CAPÍTULO 43. POR QUÉ NO ESTÁS HACIENDO UN CASO DE NEGOCIO PARA TOMAR TUS DECISIONES

Hace bastante tiempo que me vine a vivir a Ávila.

Es la ciudad en la que nací, la ciudad que me vio crecer y por supuesto, la capital de provincia más alta de España, por no hablar de uno de los mejores sitios para ir de cañas.

El caso es que, una vez metida la cuña publicitaria, cuando mi chica y yo nos planteábamos venir o no a vivir a Ávila (al margen de las razones personales: familia, amigos, casa más grande, calidad de vida) decidimos hacer un caso de negocio (*Business Case*) que nos permitiera saber en qué nos estábamos metiendo.

El caso de negocio era sencillo: se trataba de comparar la situación, en aquel momento (*AS IS*), con la que esperábamos tener (*TO BE*) y ver cuál era el impacto económico de tomar esa decisión.

En aquel momento, el *AS IS* era el siguiente:

- Casa propia.
- Desgravación por vivienda habitual.
- Sin gastos de transporte prácticamente.
- Cuidadora para nuestra hija.

Y el *TO BE* esperábamos que fuera:

- Pago de alquiler.
- Gastos de mudanza.
- Eliminación de la desgravación por vivienda habitual.

- Ingresos por alquilar nuestra casa.
- Gastos de transporte por desplazamientos.
- Guardería.

Había más, pero creo que con esto te haces una idea.

Cada línea llevaba asociado un impacto económico y realizamos el cálculo a un año.

Como resultado de este estudio vimos que cambiar nuestro domicilio tenía un sobrecoste pero que, bien llevado, lo podríamos asumir sin problemas.

Este caso de negocio no fue la pieza que hizo que nos decidiéramos a irnos a vivir a Ávila. Fueron las razones personales las que inclinaron la balanza; sin embargo, nos dio una información muy relevante: podíamos asumir el coste del traslado, lo cual eliminaba uno de los mayores riesgos (que tomes la decisión de irte y luego resulte que no te lo puedes permitir)

Yo hago un *Business Case* para cada decisión importante que tengo que tomar.

Valoro económicamente el impacto y lo incorporo a la matriz de decisión como una fuente más de información que me ayude a decidir.

¿Y esto qué tiene que ver con tu negocio?

Imagina que estás pensando abrir una nueva línea de productos. Lanzarte a vender algo que no habías vendido hasta ahora.

¿No te gustaría saber cuál va a ser tu futuro?

A mí me encantaría tener una bola de cristal que me dijera si ese producto va a tener éxito o no. Si se va a vender y cuánto dinero voy a ganar con él.

Me encantaría, de verdad. Pero no tengo una bola de cristal. Por eso hago un *Business Case* que me ayuda a acotar el futuro, a identificar cuáles van a ser los impactos de mis decisiones y a tomar la mejor decisión.

Reduce los riesgos porque me permite saber cómo va a funcionar antes de meter un euro en su lanzamiento.

No es una bola de cristal. Pero es una forma de acotar el futuro. Un caso de negocio te ayuda a tomar buenas decisiones y el momento de hacerlo es ahora.

BLOQUE VIII: PRODUCTIVIDAD Y TIME MANAGEMENT

Uno de mis profesores, en la Universidad de Salamanca, me lo dijo hace unos cuantos años:

"Si quieres que tu negocio destaque entre otros haz tus procesos más eficientes y gana productividad"

Esto que, en aquel momento, me pareció de Perogrullo y simplemente una frase para meter dentro de un examen (creo que era de la Asignatura Organización Empresarial o algo así), ha ido cobrando mucha importancia con el tiempo.

He trabajado durante más de diez años trabajando como *Controller Financiero* y he visto cómo los proyectos de revisión de procesos dentro de una compañía cada vez cobraban más importancia.

Y no sólo eso. Ya no se trata de actuaciones que realizas una vez y ya está sino que, cada vez más, es un proceso en sí mismo que se ejecuta periódicamente para incrementar la productividad.

He colaborado en varios proyectos de revisión de procesos trabajando con grandes consultoras -como A.T. Kearney, Deloitte, PricewaterhouseCoopers,..- donde, por supuesto, cada uno aportaba sus singularidades, por supuesto.

Pero, al final, todos estos proyectos tienen una serie de denominadores comunes que se pueden aplicar en una *Big 4*, en una pyme y en una micro empresa.

Y que tú, desde luego, también puedes aplicar en tu negocio.

CAPÍTULO 44. CÓMO INCREMENTAR TU PRODUCTIVIDAD

¿Quieres hacer tus procesos más eficientes y ganar productividad? Entiendo que esta pregunta es de Perogrullo porque todas las personas quieren ser más eficientes y ganar productividad...O quizá no.

Bueno, asumo que tú sí quieres hacerlo, por eso vamos a ir trabajando como me gusta. Paso a paso.

Paso 1. Tienes que saber cuáles tus procesos más críticos.

Para ser más eficiente, has de actuar con eficiencia.

Partiendo de que no eres capaz de revisar todos tus procesos a la vez, hemos de establecer cómo ir avanzando a lo largo de todos ellos. Y la respuesta es sencilla: de lo más grande a lo más pequeño.

Tienes que identificar aquellos que generan más ingresos para ti o por el contrario los que te consumen más recursos.

Y te pongo ejemplos:

Si tienes un producto que te genera el 50% de tus ingresos --> vamos a revisarlo.

Si tu proceso de facturación a tus clientes te consume mucho tiempo --> vamos a revisarlo.

Si tu proceso de envío de información a tu gestor te lleva demasiado tiempo --> vamos a revisarlo.

Comencemos con el más importante de tu negocio, después vayamos al segundo, etc.

Paso 2. Tienes que desglosar las actividades que componen esos proceso.

Ya conocemos cuál es el proceso que vamos a estudiar. Ahora vamos a abrirlo en canal. Vamos a escribir todas las actividades, todas las tareas que lo componen. Desde el principio hasta el final.

Utiliza la herramienta que te venga mejor: un papel, un diagrama, un flujo, una servilleta. Lo que quieras.

Se trata de que identifiques todos los pasos que das para ejecutarlo. Uno a uno. Sin dejar ninguno.

Paso 3.-Tienes que actuar sobre esas actividades.

Ahora viene lo mejor. Lo realmente poderoso.

Como sabes hay actividades que aportan valor añadido, a tu negocio, a tus clientes. Y hay actividades que no lo hacen.

¿Y sabes lo que más me llama la atención?

Solo las llevamos a cabo porque estamos acostumbrados a hacerlas. Porque nos sentimos más cómodos haciendo esas actividades. Más confortables.

Sin embargo, no sirven para nada. PARA NADA. No hacen tu negocio mejor. Y por supuesto tus clientes no obtienen nada de más calidad.

Una vez que tengas esto claro ya podemos actuar sobre tus actividades. Ahora que ya las tienes identificadas, ahora que ya sabes cuáles son las que aportan valor y cuáles no, has de eliminar todas aquellas actividades (suprime) que forman parte del proceso y no sirven para nada.

Fuera. Eliminadas.

Y vas a revisar el resto de actividades, una a una, para ver si existe alguna forma más rápida de hacerlas. O que, empleando el mismo tiempo, consigas un resultado mejor.

OJO.

Estamos jugando en la liga profesional. Esta revisión de procesos no la hace todo el mundo. Pero sí es algo casi estandarizado en las grandes compañías que necesitan ser más y más eficientes debido a la competitividad en el mercado.

No es muy aplicado en las pymes, sí quizá en las más grandes. Las pequeñas empresas no suelen realizar este tipo de procedimientos. Y las microempresas como la tuya, muchas veces no tienen tiempo para hacerlo.

Y se equivocan. Porque cada minuto que emplees en un proyecto de mejora de tus procesos, estarás ganando tres minutos de tiempo para ti, para mejorar.

Por eso ahora tienes una ventaja sobre el resto. Has ganado competitividad.

CAPÍTULO 45. CÓMO HACER MÁS EFICIENTE TU NEGOCIO

Si te hago, directamente, la pregunta. "¿Quieres hacer más eficiente tu negocio?"

¿Qué dirías?

"Pues claro que sí, cómo no voy a querer que mi negocio sea más eficiente."

Por supuesto que sí. Pero en el fondo tu respuesta es no. En realidad no quieres que tu negocio sea más eficiente. Y te explico por qué.

Mi hija tiene cuatro años. Ayer quería pintar con unos colores que guarda en un armario. Le dije que no podía porque ya había sacado los rotuladores y que, con los colores, pintaría mañana. Evidentemente, mi respuesta pretendía postergar el tema de los colores hasta el día siguiente. Confiando en que se le olvidaría. Pero no.

Al día siguiente, en cuanto se levantó me dijo que quería pintar con los colores. Le respondí que no, que había que desayunar, bañarnos, vestirnos, etc., para ir a dar una vuelta. Me dijo que vale.

Cuando regresamos de dar una vuelta, me volvió a pedir los colores.

De nuevo me negué porque que teníamos que desvestirnos, preparar la comida, comer. Me dijo que vale.

Por la tarde me volvió a pedir los colores.

Se los di. Por supuesto.

Mi hija quería los colores. Desde el principio. Y actuó, de forma consistente, hasta el final. Lo peleó hasta el final, hasta que lo logró.

Mi hija me enseña todos los días el significado de QUERER ALGO.

Cuando quieres algo lo pides. Cuando quieres algo lo peleas. Cuando quieres algo, actúas hasta que lo consigues.

Si quieres que tu negocio sea más eficiente, entonces, tienes que empezar a hacer tu negocio más eficiente. Ahora. Desde ya.

Y, para que puedas comenzar desde ahora mismo, vamos a hablar de cómo actuar sobre tus costes -de forma profesional- para incrementar la eficiencia de tu negocio dando tres pasos de gigante.

PASO NÚMERO 1: LEVANTAR TUS COSTES.

Si no sabes lo que tienes entre manos, no podrás implantar ninguna mejora. Tan sencillo como eso.

Si no conoces cuáles son tus costes no podrás actuar sobre ellos. Y conocer tus costes es relativamente sencillo, pero requiere de algo por tu parte: voluntad.

A muchas personas que dirigen microempresas les da pereza meterse con sus costes.

Prefieren dedicarle tiempo a tareas de su negocio que no aportan valor añadido, con tal de no mirar los números. Aún cuando los números pueden darles mucha más información y hacer que dejen de autoemplearse para pasar a gestionar un negocio, que es distinto.

No te estoy pidiendo que recopiles toda la información de los últimos diez años. Sería una pasada. Poco eficiente.

Lo que te estoy rogando es que comiences a detectar cómo sale el dinero de tu caja. Y que lleves un registro de esos datos. A poder ser en excel (si no has abierto nunca una hoja excel, este es otro momento excelente para comenzar).

- Fecha del gasto.
- Descripción del gasto.
- A quién le estás pagando.

Nada más. Olvídate de complicados ficheros o bases de datos y concéntrate en obtener solo esta información. Poco a poco. Día a día, cuando acabes tu jornada. Registra los gastos en los que has incurrido y anótalos. Crea tu pequeña base de datos.

PASO NÚMERO 2: AGRUPAR TUS COSTES.

Imagina que llevas un mes recopilando información. Tienes un fichero detallado con tus gastos. Ahora vamos a meter un poco de inteligencia sobre esos datos.

Vamos a separar esos gastos en tres tipos:

1. Gastos variables Los que dependen del nivel de ventas que estés realizando. Si tienes un bar, un coste variable es la cerveza. Si vendes camisetas, un coste variable es la impresión de las mismas.
2. Gastos fijos: Los que sí o sí, vendas o no vendas, tienes. El alquiler de un local es un gasto fijo como el pago de autónomos o el pago del seguro de responsabilidad civil.
3. Gastos financieros: ¿Estás abonando intereses por tus préstamos?, ¿tienes alguna línea de crédito?, ¿pagas comisiones por tu TPV?

Dividir para vencer.

PASO NÚMERO 3: ACTUAR SOBRE TUS COSTES.

Sobre cada tipo de gasto se actúa de una forma distinta.

Por eso los hemos separado.

LO PRIMERO ES ACTUAR SOBRE TUS GASTOS BANCARIOS.

Es muy probable que no aporten nada a tu negocio. Es muy probable que te estén cobrando comisiones por cosas que no deberían.

Y te pongo unos ejemplos:

¿Sigues pagando comisiones por hacer transferencias? ¿Y por ingresar cheques? ¿Y por tener una cuenta corriente?

¿Hay posibilidades de renegociar el tipo de interés de tus créditos?

Hay entidades bancarias con las que no incurrirías en estos gastos.

Pues ya está: dedica un poco de tiempo a hacer los cambios que necesites y comenzarás a optimizar tus gastos bancarios. Lo bueno que tiene actuar sobre estos gastos es que, recortar en ellos no afecta en nada al producto o servicio que estás prestando.

AHORA VAMOS CON LOS SEGUNDOS: TUS GASTOS FIJOS.

Tus gastos fijos no bajan si tienes pocas ventas. Por eso es importante que tus gastos fijos sean lo mínimo posible. Sobre todo al principio.

Seguro que conoces a muchos nuevos negocios que se han muerto en los primeros tres o cuatro primeros años. Y seguramente no porque no estuvieran creciendo. Es muy probable que lo estuvieran haciendo. Pero no cubrían gastos.

Tenían tantos gastos fijos que los beneficios solo iban a pagar estos gastos.

Cuanto más ligero sea tu negocio, más probabilidad hay de que emprenda el vuelo.

Y PARA TERMINAR, REVISEMOS TUS GASTOS VARIABLES.

En primer lugar, por supuesto, tus gastos variables deben ser inferiores a tus ingresos.

Esto que parece una obviedad y una perogrullada, no siempre es tenido en cuenta por muchos negocios como el tuyo.

Lo que hace que se produzca una situación paradójica: cuanto más venden, más pierden.

Y lo que es peor de todo: no lo conocen. Solo saben que trabajan mucho pero que su caja cada vez es más pequeña.

Todo ello porque no han sabido desgranar su estructura de costes variables. Es decir, lo que les cuesta realmente poder entregar su producto.

¿Tú sabes lo que te cuesta cada cosa que vendes?

Si no lo sabes tienes un problema.

Y si lo sabes, entonces, agrégale tus costes fijos, para ver si sigues ganando dinero. Quizá te lleves una sorpresa.

Has llegado al final. ¡¡Bien!! Enhorabuena.

¿Ves como no era tan complicado?

Como hace mi hija cada vez que quiere algo, no hay nada como ponerle voluntad a tu petición. Solo es una cuestión de voluntad. De empezar a cambiar tu chip. De entender que se trata de una actividad más de tus tareas de gestor de tu empresa. Que estás evolucionando del autoempleo al negocio, a un sistema. Y actuar sobre tus costes, de una forma programada, es un primer paso de gigante en ese proceso.

CAPÍTULO 46. EL SECRETO DE LA EFICIENCIA

Lo que te voy a contar es conocido solo por algunas personas. No muchas.

Aunque está extraído de un libro de David Allen que se llama Organízate con Eficacia (*Getting Things Done GTD*), lo cual podría hacer pensar que hay muchas personas aplicándolo en su día a día, solo tienes que echar un vistazo a tu alrededor.

Estoy convencido de que ni un 10% de tu entorno sigue este método. Estoy convencido de que 1 de cada 10 personas no trabaja de forma eficiente.

Y claro, seguro que puedes decir:

"Vaya tipo este José Carlos. Da datos que no están basados en ningún estudio demográfico o estadístico."

Tienes razón. Para que te lo creyeras más podría decir algo del estilo:

"Estudios demuestran que...".

Como hacen en muchos anuncios de la tele. Pero estoy convencido de que tú no ves muchos anuncios. Y de que no te los crees. Por eso prefiero tirar de mi experiencia. Y lo que es más importante, de tu experiencia.

Sé de sobra que esto que conozco, a ti también te suena: muy poca gente de la que conoces trabaja de forma eficiente. Quizá no sea un 10%. Quizá sea un 20%

Vale. Pero muy poca. Ahora...

Una vez que estamos de acuerdo en que muy pocas personas trabajan de forma eficiente, vamos a intentar hacer que tú pertenezcas a este grupo.

Por eso, a continuación, hablarmos del programa de cinco pasos para ser más eficiente de David Allen, el que establece en su libro Organízate Con Eficacia.

El secreto para ser eficiente, un sistema que cambia tu forma de pensar y de organizarte.

PASO 1: RECOPILACIÓN DE PENDIENTES

Es el primero porque es lo primero que hay que hacer: recopilar las tareas que tienes pendientes de hacer.

No te imaginas la cantidad de personas que no saben lo que tienen pendiente por hacer y solo reaccionan frente al correo electrónico o frente a llamadas.

No pueden planificarse. Es como si, continuamente, estuvieran reaccionando ante emergencias, y ya sabes... Si no tienes en la cabeza las cosas pendientes de hacer, entonces, vas a trabajar por urgencias, igual que si fueras un bombero. Apagando fuegos.

Vas a desperdiciar tiempo y lo que es peor: vas a dejar cosas fundamentales por hacer.

Y lo que es más importante de todo este paso: una vez obtenida esta lista de tareas SÁCATELA DE LA CABEZA y déjala volcada en otro lugar: una agenda, el calendario, un papel, la pared.

Donde quieras, pero fuera de tu cabeza.

PASO 2: PROCESAMIENTO

Una vez que ya tienes ese registro fuera de tu cabeza y está en una lista, comenzamos a procesar siguiendo unas directrices:

- Empieza siempre desde el principio.
- No proceses más de un elemento de la lista a la vez.
- No envíes de vuelta a la lista ningún elemento.
- Si algún elemento requiere acción, y esta necesita menos de 2 minutos, hazla. Si no es tu tarea, delégala. Si no es ninguna de estas dos, posponla.
- Si un elemento no requiere una acción archívalo como referencia, deséchalo -si no es procedente- o déjalo en cuarentena si no puedes llevarlo a cabo en ese momento.

Por favor, ten siempre en cuenta la Regla de los 2 minutos cuando estés procesando actividades:

"Si una tarea requiere menos de dos minutos, hazla inmediatamente"

Hablamos de 2 minutos porque ese es también el tiempo que habría que invertir para posponerla.

PASO 3: ORGANIZACIÓN Y CATEGORIZACIÓN DE TAREAS

Ahora vamos a pasar a organizar las tareas ya procesadas en distintos bloques.

- Acciones próximas: para cualquier actividad, sobre la que vas a actuar, decide cuál es tu próxima acción.
- Proyectos: toda tarea inconclusa que requiere más de una acción para ser realizada es considerada como un "proyecto" por David Allen. Estas acciones deben ser revisadas, periódicamente, para asegurar que todo proyecto tiene una próxima acción asociada a él y que puede ser llevada a cabo.
- En espera: cuando tú has delegado o estás esperando algo externo antes de continuar debes registrarlo y comprobar cada cierto tiempo si puedes hacer algo adicional para adelantarlo.
- Algún día/quizá: se trata de cosas que quieres hacer pero actualmente no es posible.

PASO 4: EVALUACIÓN PERIÓDICA DE TAREAS

Todo esto es completamente inútil si no lo revisamos, en cada momento libre y vamos escogiendo la acción siguiente según el orden en el que están contenidas en las listas que ya montaste al procesarlas.

PASO 5: EJECUTAR

Pues eso, hacer las tareas.

Si pierdes más tiempo en organizar que en hacer, no tenemos un buen sistema. Así que tendrás que ir trabajando, día a día, en simplificar el proceso de organización para estar menos predispuesto a la saturación por el gran volumen de tareas abiertas.

Aquí lo tienes. La clave de este sistema recordatorio es que al sacarlo fuera de tu cabeza, ganas disco duro para trabajar en tus tareas.

Getting Things Done afirma que un sistema recordatorio debe ser fácil, simple y amigable. Puede ser, incluso, un trozo de papel. Y sea el que sea, ha de ser único para -hacer tan rápido y sencillo como sea posible- el hecho de almacenar y buscar la información que necesitas.

Te puedo asegurar que funciona porque lo llevo empleando como diez años.

CAPÍTULO 47. SIETE PREGUNTAS PARA GANAR TIEMPO DEJANDO DE HACER COSAS

"El tiempo es la cosa más valiosa que una persona puede gastar". Theophrastus (300-287 a.C.)

Y, sin embargo, perdemos el tiempo. No solo el nuestro.

También hacemos perder el tiempo a los demás. Continuamente. Todos los días.

¿Qué harías si un día se presentara un tipo en tu despacho, te cogiera tu bolso, abriera el monedero y te quitara 50 euros?

Entiendo que lo primero que harías sería decirle *"Eh, dónde vas tío, dame mi dinero"*

No obstante, día a día, hay personas que se acercan a nosotros y nos roban nuestro tiempo. Sin decirnos nada. Sin nuestro consentimiento.

Sabes a quién me refiero.

Al que hace que te pases diez minutos en una reunión de trabajo hablando de cosas intrascendentes, cuando en tu ordenador tienes 20 correos electrónicos ardiendo.

Al que -todas las mañanas- te cuenta cómo ha pasado la noche anterior, de juerga con sus amigos, mientras que arranca su ordenador, sin darse cuenta de que el tuyo lleva una hora arrancado y estás preparando un encargo para un cliente que lo espera con ansiedad.

Son ladrones de tiempo.

Roban tu tiempo, con total impunidad, y aún tienes que ponerles buena cara.

Aaaaaahhhhhh.

No siempre podemos actuar contra los ladrones de tiempo sacando el espray antivioladores del bolsillo y rociándoles los ojos con él, aunque lo desees con toda tu alma.

No está socialmente bien visto y no te lo recomiendo.

Pero sí podemos actuar en otra serie de tareas, en nuestras tareas, para incrementar tu productividad y reducir los daños producidos por estos ladrones despiadados.

Y una de esas formas es eliminar de tus procesos diarios todas aquellas actividades que no cumplan una serie de condiciones. Por eso te voy a plantear 7 preguntas para ganar tiempo dejando de hacer cosas.

CONDICIÓN 1: ¿POR QUÉ ESTÁS HACIÉNDOLO?

Estoy convencido de que se ha dado el caso de que estabas haciendo algo y te has preguntado: "*¿Para qué narices estoy haciendo esto?*". Y la respuesta ha sido: *"Porque me lo han encargado"*.

No es suficiente respuesta. Cada tarea tiene que servir para algo, tiene que tener una motivación propia puesto que, si no conoces esa motivación, entonces, no estás comprendiendo el trabajo y, por tanto, es imposible que lo hagas bien.

No comiences ninguna tarea sin saber -exactamente- para qué la estás haciendo.

CONDICIÓN 2: ¿QUÉ PROBLEMA ESTÁS SOLUCIONANDO?

Debes tener perfectamente claro qué problema estás solucionando, y para ello has de plantearte preguntas del tipo: ¿Cuál es el problema? ¿Los clientes tienen dudas? ¿Hay algo que no esté claro? ¿Hay algo que funcionara antes y ahora no funciona?

No te puedes hacer una idea de las veces que nos ponemos a trabajar con problemas que no existen. Que son imaginados y que vienen de malentendidos en la comunicación.

Es que Juan me dijo que Felipe le dijo que un cliente le había dicho que había un problema con un producto...

Sabes de lo que hablo, ¿a que sí?

Si no hay problema, no hay tarea. Tan sencillo como esto.

CONDICIÓN 3: ¿SIRVE ESTO PARA ALGO?

Es muy sencillo confundir entusiasmo con utilidad. Y te lo voy a explicar con una frase: *"Estamos corriendo como pollos sin cabeza"*

Es decir, hacemos mucho, mucho, mucho. Sin saber si sirve para algo.

Si no sirve, no lo hagas. Punto.

CONDICIÓN 4: ¿ESTÁS APORTANDO VALOR?

¿Estás logrando que tu producto sea más apreciado por tus clientes? ¿Podrán acceder a algo que antes no podían?

Mucho cuidado con la estimación del valor puesto que puede darse el caso de que, en lugar de aportar valor, lo estés restando. Me explico: si le echas un poco de sal a las patatas fritas, las mejoras; si te pasas, las arruinas.

CONDICIÓN 5: ¿HAY ALGUNA FORMA MÁS SENCILLA?

Siempre. Y repito, siempre que hago algo me pregunto si hay alguna otra forma de hacer lo mismo más fácilmente.

"Lo mejor es enemigo de lo bueno", dice un jefe que tuve hace tiempo (y creo que ya lo decía Voltaire, aunque no estoy muy seguro).

Y tiene toda la razón. Como norma, los problemas normalmente tienen soluciones simples (principio de la Navaja de Ockham) y somos nosotros los que, habitualmente, imaginamos que exigen soluciones difíciles.

CONDICIÓN 6: ¿QUÉ PODRÍAS ESTAR HACIENDO EN LUGAR DE ESTO?

O lo que se conoce como coste de oportunidad. ¿Qué te estás perdiendo por estar haciendo esto?

Sobre todo es muy importante cuando tienes que marcar prioridades y dispones de recursos limitados, lo que -seguro- encaja con tu situación actual --> Si te atascas en algo, dejas de hacer muchas cosas.

Piensa en lo que estás dejando de hacer por hacer lo que estés haciendo y valora ambas según tus prioridades.

CONDICIÓN 7: ¿VALE LA PENA, REALMENTE, LO QUE ESTÁS HACIENDO?

¿Vale la pena que convoques una reunión y les quites una hora de trabajo a los asistentes?

¿Vale la pena que te pases la noche trabajando o puedes terminarlo mañana?

¿Vale la pena perder los nervios?

Valora lo que tienes entre manos antes de decidirte a hacerlo.

Estas condiciones son imprescindibles para llevar a cabo una tarea, no dejes de planteártelas siempre y sobre todo asume las conclusiones.

Hay ocasiones en las que dejar de hacer lo que estás haciendo es la decisión adecuada, incluso aunque ya hayas dedicado mucho esfuerzo.

CAPÍTULO 48. CINCO TRUCOS PARA GANAR TIEMPO EN TU DÍA A DÍA

El tiempo es algo que no puedes acaparar.

No puedes meter tiempo, ahora, en un bote para gastarlo más adelante.

Puedes meter dinero en un banco, hoy, para gastarlo dentro de dos años.

Puedes congelar un plato de lentejas para comértelo dentro de dos semanas.

Puedes guardar unos vaqueros, para ponértelos en el invierno, porque durante el verano te asas de calor con ellos.

Pero con el tiempo no puedes hacerlo.

Por eso es tan importante aprovechar tu tiempo para poder dedicarlo a lo que tú quieras.

Y, ojo, que no tiene por qué ser para estar haciendo cosas en cualquier momento.

Yo cuido mucho el tiempo que dedico a cada cosa para poder sacar unos minutos para echarme una siesta con mi hija.

Y tengo amigos que me dicen que estoy perdiendo el tiempo.

Sin embargo, yo sé que no.

Porque he implantado muchos cambios en mis procesos para poder generar tiempo y, así, echarme la siesta con mi hija de cuatro años.

Porque sé que a ella le gusta y a mí me encanta.

Es mi tiempo y yo elijo donde lo invierto y pasar esa hora con mi hija , jugar con ella mientras se duerme y oír cómo respira a mi lado es una de las cosas que mejor me hace sentir a lo largo del día.

Por eso saco minutos de cada tarea en la que me pongo.

Por eso intento ser más eficiente en cada actividad que llevo a cabo.

En todas.

Gano tiempo de tareas que tengo que realizar sí o sí para invertirlo en aquellas que realmente quiero hacer.

Hay muchas formas de ganarle tiempo al tiempo. Por eso, hoy, te voy a hablar de cinco trucos para ganar tiempo en tu día a día. En tu mano está utilizarlos o no.

1.- AGENDA.

Imprescindible. Cada actividad, ya sea personal, o laboral, la incluyo en mi agenda. Utilizo Google *Calendar* para ello y manejo varios calendarios.

Esto me permite conocer, en cada caso, los huecos libres que tengo y saber qué actividades tengo en el día a día. De esta forma, cuando establezco citas con las personas con las que colaboro, intento respetar -siempre- las fechas ya cerradas para no romper a nadie su calendario.

2.- PLANIFICACIÓN DIARIA.

Lo primero es revisar la agenda, ver lo que hay previsto y establecer el listado de las cosas que vas a hacer.

Lo primero, a las 7:00 a.m. Nada más levantarme.

Después de revisar mi agenda es cuando empieza mi día.

Pero ojo. Priorizado. Haz primero las cosas urgentes e importantes.

Delega los asuntos urgentes pero no importantes. Planifica, para otro momento, lo importante pero no urgente. Elimina de la agenda lo no urgente y no importante.

3.- PREPARACIÓN DE REUNIONES

Siempre que voy a mantener una reunión la preparo basándome en los puntos de la agenda. Una reunión sin puntos en el orden del día no es una reunión.

Mételo en la cabeza.

Y siempre que se sale de una reunión hay que hacerlo con un listado de puntos de acción, responsables de esos puntos de acción y fechas de ejecución. Y, a ser posible, enviar este listado de puntos de acción a los asistentes en el mismo momento de la reunión.

Porque tienes los puntos más frescos en la cabeza que si, a los dos días intentas levantar el acta. Y te va a llevar menos tiempo, con lo que ya estamos ganando minutos.

Esto vale para reuniones de cinco personas. Asambleas de cien. Y sesiones *one to one* con un cliente. Para todas ellas.

Preparar una reunión te hace ganar tiempo más adelante

4.- DE UNA VEZ...

Haz de una vez tareas que sean iguales, porque aprovechas mejor el tiempo.

Si tienes que grabar vídeos, grábalos todos de una vez.

Si tienes que escribir post, escríbelos de una vez.

Si tienes que revisar facturas revísalas todas de una vez.

Agrupa tus tareas para ganar en eficiencia.

5.- DI NO.

Esto es muy importante.

De hecho, yo diría el más importante. Tanto que dedicaremos un capítulo solo para hablar de esto, pero no quería dejar escapar esta oportunidad para comentarlo ya.

Tienes que aprender a decir NO con asertividad.

Es muy probable que tengas el típico cliente que te contrató un servicio y, a medida que transcurre el tiempo, te va pidiendo más y más. Y tú vas concediendo porque piensas que las consecuencias de decir que no son peores.

NO. Te está robando tu tiempo. Tu tiempo vale dinero. Y tu tiempo no lo puedes recuperar. Tienes que aprender a decirle que no, explicando -claramente- tu postura. Sin rodeos. Sin miedos. Sin remordimientos.

Di NO a todas las tareas que te quiten tiempo y que no tengan un retorno suficiente para ti.

Recuérdalo, por favor, el tiempo no lo puedes guardar.

Pero puedes ganarle minutos al día en tareas que tienes que hacer para dedicarlos a lo que realmente quieras hacer.

Y esto es lo importante.

CAPÍTULO 49. CÓMO MULTIPLICAR POR CIEN LA PRODUCTIVIDAD DE TUS REUNIONES

Odio las reuniones improductivas.

Las odio.

Y tú también deberías empezar a odiarlas. ¿Sabes por qué?

Porque cada reunión improductiva te está quitando tiempo para disfrutar de los tuyos sin ningún beneficio a cambio.

Te voy a poner un ejemplo de reunión y estoy convencido de que habrás sufrido millones como ésta.

Convocada a las 12.00, la gente empieza a aparecer a las 12.15.

Aunque habías pasado una prelectura, para ir adelantando, los asistentes ni se la han mirado.

Una vez sentados todo y después de los cinco minutos de rigor de conversación banal, empieza finalmente la reunión. Y te das cuenta de que los asistentes no son los convocados y falta gente para tomar decisiones.

Si observas detenidamente a tu alrededor ves cómo hay personas que están consultando el correo, o su móvil, por lo que -de vez en cuando- tienes que repetir las cuestiones que se abordan.

También compruebas cómo, una vez planteado un tema, la gente va divagando en o torno a otros asuntos hasta ya no saber de qué estabais hablando.

Así, durante las dos horas que dura la reunión.

Y, cuando acabas, no recuerdas ni lo que se ha dicho, ni los puntos de acción que habéis acordado, ni a los responsables de esos puntos de acción ni las fechas en las que esas acciones se van a llevar a cabo.

Hubiera sido mucho más provechoso que te hubieras ido a comer un helado con tu hija al parque.

Has perdido el tiempo.

Y para nada.

¿A que ya empiezas a odiar un poco las reuniones improductivas?

¿Pues sabes lo peor de todo?

Que hay mucha gente que piensa que esas son las reuniones. Que son así y que no hay forma de cambiarlas. Que es como deben ser y que es lo normal cuando hay una serie de personas sentadas alrededor de una mesa.

Vamos, ni de coña

No siempre son así. Es más, nunca deberían ser así.

De hecho, hay muchos lugares del mundo donde una reunión de esas características no se toleraría.

Hay formas de conseguir que una reunión sea altamente productiva... y, te lo anticipo, no tienes que ser ningún mago de la persuasión ni tener mando en plaza para lograrlo.

Se trata de saber lo que pretendes con la reunión y aprovechar que eres tú quien la convocas.

Te voy a dar los siete pasos necesarios para multiplicar por cien la productividad de tus reuniones:

1. Envía una agenda, en la convocatoria, junto con el material de prelectura e informa que no se tratarán temas distintos de los indicados en la agenda.
2. Incluye en la convocatoria los asistentes necesarios, y solo a los asistentes necesarios. Comenta también que, en caso de que esa persona no vaya a asistir, envíe a alguien con capacidad de decisión.
3. Añade, en la agenda, la hora de inicio y de final de la reunión (45 minutos como mucho) e indica tiempo para cada punto de la agenda. Además no olvides reservar cinco minutos para la cortesía.

4. Cinco minutos después de la hora de comienzo, cierra la puerta de la sala de reuniones e introduce el primer punto. Si falta alguien, cuando llegue, le explicas que ya habéis empezado y que, al final, le harás un pequeño resumen.
5. Al acabar el tiempo para cada asunto cierra un punto de acción, un responsable y una fecha. Si ha llegado el tiempo para un punto y no lo habéis cerrado, pasa al siguiente y deja ese pendiente para una siguiente reunión.
6. Cuando llegues al final, haz una recopilación de pasos siguientes, responsables y fechas para que todo el mundo sea consciente de lo que tiene que hacer.
7. Nada más acabar la reunión envía una acta con los puntos de acción, responsables y fechas.

Te aseguro dos cosas:

1. La primera vez que lo hagas a la gente le va a chocar.
2. La segunda vez que lo hagas a la gente le va a encantar.

A nadie le gusta perder el tiempo, especialmente a aquellos que disponen de muy poco. Por eso te van a agradecer que consigas multiplicar su productividad.

Pero sobre todo, sobre todo, te lo agradecerá tu familia que al final es por quien haces las cosas.

CAPÍTULO 50. CÓMO INCREMENTAR TU MARGEN AUMENTANDO TU PRODUCTIVIDAD

Tu valor añadido es tu conocimiento.

Tú sabes qué hacer en determinados momentos, situaciones.

Lo sabes por experiencia, por formación, por años de aplicación práctica.

Por lo que sea...

Sabes cómo arreglar un problema concreto y te pagan por ello.

Y ¿cuál es el mayor activo de tu empresa?

No me lo digas, que lo adivino: TÚ.

Tú eres el capital principal. El activo principal.

La revolución industrial supuso un salto en el crecimiento económico de los países. ¿Por qué? Porque supuso un cambio tecnológico tan brutal que hizo que la productividad se disparara.

Cuando consigues que un activo sea más productivo, le sacas mayor rentabilidad.

Imagina una máquina que produce 2.000 yogures al día. Y tú eres capaz de vender todo lo que produces. Si aplicas una mejora a la máquina, de forma que sea capaz de incrementar su producción a 2.400, habrás aumentado tu beneficio en un 20%. Sin más.

Ahora bien, si tu mayor activo eres tú. ¿cómo podemos hacer que seas más productivo para que consigas un mayor margen y, por tanto, más rentabilidad?

Que yo sepa todavía no se han implantado los brazos biónicos, ni tampoco los días de 30 horas.

No podemos alargar el tiempo. No podemos hacer que vaya más despacio.

¿O sí?

¿Cómo ralentizar tu tiempo?

Muy sencillo: haciendo que seas más eficiente mediante cinco reglas. Algunas de ellas te sonarán porque las hemos tratado en otros capítulos, pero es importante que las interiorices, porque cuanto más las interiorices, más tiempo ganarás para ti.

1.- PRIORIZA

Haz una lista de tus actividades, ordénalas por prioridad y márcalas una fecha límite. Ni más ni menos.

En una entrevista que se le hizo a Eisenhower le preguntaron acerca de cómo había priorizado entre las decisiones que había tenido que tomar mientras lideraba a los aliados. El militar y político estadounidense respondió dibujando un cuadrante -representando urgencia e importancia de las cosas- según esta matriz:

- Cuando algo es importante y urgente, se debe hacer inmediatamente
- Cuando es importante pero no urgente, la decisión correcta es planificar su realización en el momento apropiado.
- Cuando es urgente pero no importante, se debe delegar su realización a alguien.
- Y claro, te preguntarás qué pasa con el cuarto cuadrante: la respuesta de Eisenhower fue: "Si no es urgente ni importante, simplemente no lo hago"

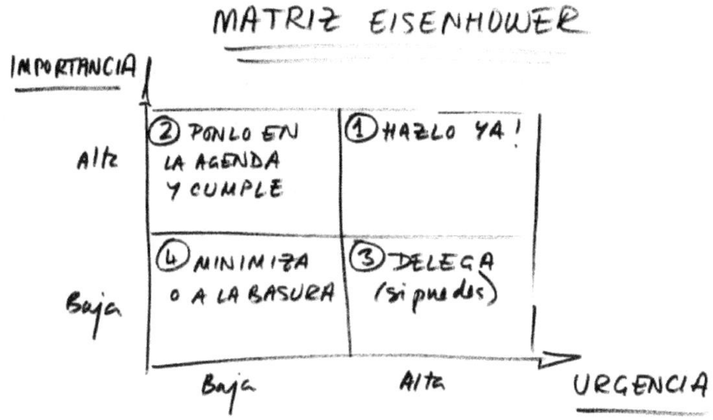

2.- REVISA TU MÉTODO DE GESTIÓN DE PERSONAS.

¿Hasta qué punto dejas a tus colaboradores o a tu equipo trabajar?

¿Estás encima de ellos continuamente? ¿Sin dejarles respirar?

¿Tienes que supervisar todo su trabajo?

Si es así, entonces, tienes que darte un respiro.

O bien es la gente que tienes como colaboradora quien no funciona o bien eres tú la persona que lo está impidiendo. Analiza cuál es tu situación y o cambias de colaboradores o modificas tu gestión porque, mientras pierdas tiempo haciendo que los otros hagan su trabajo, no estarás haciendo el tuyo.

Estarás perdiendo euros.

3.- IDENTIFICA TU *PRIME TIME*

Lo sabes. Hay momentos del día en los que no rindes. NO avanzas. Sin embargo, hay otros en los que moverías un tren con tu actividad.

Identifica estos momentos y úsalos en tu provecho. Emplea los de menor intensidad para descansar y los de gran actividad para ir a tope.

4.- IDENTIFICA LOS *GREMLINS* DE TU COMPORTAMIENTO.

¿Dejas las cosas para última hora? ¿Eres tan perfeccionista que te puedes dedicar, durante una hora, a elegir qué tipo de fuente asignarle a un texto? ¿Intentas hacer un montón de cosas a la vez sin terminar ninguna? ¿Dices que sí a todos tus clientes, incluso sabiendo que a determinados asuntos deberías haber dicho no?

Estos son los 4 *gremlins* más famosos, pero te aseguro que hay muchos más. Como en la película. Identifícalos y mátalos porque cada uno de ellos te está robando tiempo y cada segundo que te roban es dinero.

5.- GESTIONA TUS COMUNICACIONES

Imagina que estás preparando un presupuesto. Estás concentrado analizando tiempos, precios, etc.

Te llaman. Atiendes el teléfono y pierdes concentración. Ya no sabes por dónde ibas.

Te entra un correo electrónico en tu bandeja de entrada: lo miras, no sea que sea urgente. De nuevo te pierdes.

Te vibra el teléfono, un mensaje de grupo de WhatsApp. Se te va la cabeza y respondes. Te toca volver a empezar con la calculadora.

Sabes a lo que me refiero ¿verdad? La solución es muy sencilla.

Apaga todas las interrupciones. Que no te molesten. Y si te llaman no atiendas el teléfono hasta que termines tu actividad y una vez terminada devuelve las llamadas que hayas recibido de forma agrupada.

Tú eres tu mayor activo. Cuanto más eficiente seas con tu tiempo, tu productividad se incrementará. A más productividad, más rentabilidad. ¿A qué esperas para aplicarlo?

CAPÍTULO 51. ¿DE VERDAD HACES LAS COSAS COMO DEBES? PRUÉBALO

No es algo nuevo. Lo habrás oído antes. El tiempo es oro.

Pero cuando te dedicas a tu propio negocio esta frase adquiere especial relevancia, porque no todas las actividades a las que dedicas tu tiempo son igual de importantes.

De ahí la pregunta del título: "¿Estás haciendo las cosas como tienes que hacerlas?"

Hay actividades que generan tus ingresos.

Hay actividades que te ayudan a ejecutar más actividades que generan ingresos.

Hay actividades que no generan más ingresos pero que tienes que hacer sí o sí.

Hay actividades que ni generan más ingresos ni que son obligadas pero que, sin darte cuenta, las llevas a cabo.

Hablemos de cada una de ellas.

GRUPO 1: HAY ACTIVIDADES QUE GENERAN TUS INGRESOS.

Son el corazón de tu negocio.

Es donde tú tienes que involucrarte al 100%.

Es donde el cliente te reconoce. Es donde -firmemente- aportas valor añadido al cliente.

Si eres diseñador, es el punto que le das a tus diseños.

Si eres asesor, es ser capaz de reducir la factura fiscal de tu cliente.

Lo que sabes hacer realmente bien y por lo que te pagan.

GRUPO 2: TAREAS QUE TE AYUDAN A EJECUTAR MÁS ACTIVIDADES QUE GENERAN INGRESOS.

Son tareas que no son el corazón de tu negocio pero sí complementan tus productos/servicios y les ayudan a ser más competitivos. Pueden ser, perfectamente, realizadas por ti porque sabes cómo hacerlas, pero no son tu especialidad.

Por ejemplo: realizar una campaña de marketing para tu negocio, completar tu oferta con un servicio adicional, realizar el control de gestión de tu negocio.

GRUPO 3: ACTIVIDADES QUE NO GENERAN MÁS INGRESOS PERO QUE TIENES QUE HACER SÍ O SI.

Son las clásicas tareas que, como gestor de un negocio unipersonal, tienes que llevar a cabo para que tu negocio esté funcionando, pero que -perfectamente- pueden ser desempeñadas por otra persona. Y de hecho, en muchas ocasiones, es mejor que las haga otra persona por tu desconocimiento.

Ejemplo: presentar tus impuestos, llevar tu contabilidad, mantener tu blog/web, gestionar tu proceso de cobro/pago.

GRUPO 4: ACTIVIDADES QUE NI GENERAN INGRESOS NI SON OBLIGADAS

Estas son las tareas que vienes haciendo tú por costumbre, por tu forma de hacer las cosas o por tu modo de trabajar pero que, ni ayudan a generar ningún ingreso, ni las tienes que llevar a cabo sí o sí.

Ejemplo: ofrecer un bono adicional a un cliente que al final no utilizan, dedicar tiempo adicional a tareas que te llevan a un nivel de calidad que no es apreciado por tu clientela.

Tienes que ser capaz de identificar el tipo de tarea que estás realizando porque, en función de cual sea, es muy probable que haya una opción mejor de llevarla a cabo de lo que estás haciendo.

Las actividades del Grupo 1 tienen que ser ejecutadas por ti. Sí o sí. Es tu firma. Tu *modus operandi*. Tu aportación especial.

Las actividades del Grupo 2 pueden ser gestionadas por otra persona en la que confíes, de forma que tú puedas centrarte en las actividades del Grupo 1. Y ojo, lo digo muy en serio. Tiene que ser alguien en quien confíes mucho porque estás poniendo en sus manos a tus clientes.

Las actividades del Grupo 3 las tiene que hacer otro. Irremediablemente. No es tu campo. Te están robando tiempo para dedicarlo a tus clientes. Otra opción siempre que sea posible es automatizar estos procesos.

Las actividades del Grupo 4 las tienes que eliminar. Tan sencillo como esto.

Te voy a poner un ejemplo, y te lo voy a explicar con un proceso de mi propio negocio, para que lo veas bien claro.

Ofrezco un servicio mediante el que hago las declaraciones de la renta de mis clientes particulares. No soy el mayor experto en fiscal (sobre todo porque cualquiera que se adentre en el mundo fiscal sabe que es algo casi infinito, por la cantidad de legislación, casos, consultas, supuestos que existen), sin embargo cuento con la suficiente formación para ser capaz de hacer casi cualquier declaración de la renta de una persona física.

Mi proceso en este servicio que ofrecemos es el siguiente:

El cliente conoce el servicio (Actividad Grupo 1 porque el cliente toma un primer contacto a través del blog)

El cliente lo contrata. (Actividad grupo 3)

El cliente recibe un correo electrónico con información para completar un cuestionario (que necesitamos para poder su situación real) y que nos devuelve completado. (Actividad Grupo 3).

Lo revisamos, preparamos un borrador de declaración y se lo enviamos para que dé el ok. (Actividad Grupo 2)

Presentamos la declaración. (Actividad Grupo 2)

En todo este proceso, yo -personalmente- solo hago la actividad 1 puesto que el cliente accede a través de mi blog. Las actividades 2 y 3 están automatizadas dado que, en ellas, no puedo aportar nada adicional. Y las actividades 4 y 5 son llevadas a cabo por un colaborador, de mi mayor confianza, cuya formación en el campo fiscal es muy superior a la mía.

Yo me centro en lo que sé hacer, relacionarme con mis clientes y dar el servicio en el que soy experto: ayudar a que una microempresa pueda ser gestionada de una forma profesional.

Aprender a distinguir en qué grupo están las actividades que gestionas en cada momento, te va a ayudar a priorizarlas y a organizar tus procesos de una forma más eficiente.

Tómate un tiempo para revisarlo. Ganarás en calidad de vida.

CAPÍTULO 52. APRENDE A DECIR NO

Voy a comenzar este capítulo con dos citas:

"Solo aprendiendo a decir no podemos concentrarnos en las cosas que realmente importan" Steve Jobs

"Si hubiera hecho caso a mis clientes les habría dado un caballo más rápido", Henry Ford

Creo que estas dos frases resumen, prácticamente, todo lo que te quería contar en este capítulo, pero voy a arriesgarme y hablar de mi experiencia personal, con la esperanza de que lo que me pasa a mí pueda ayudarte a ti.

Llevo currando desde los dieciocho años. Comencé haciendo encuestas a pie de calle, trabajé también de camarero, como agente de adquisición de espacios para instalaciones, organizando instalaciones y obras en calles, como *financial controller* y he tenido varios negocios.

Todo ello me ha llevado mucho tiempo. Mucho. Y de todo ello he aprendido, por supuesto que sí.

Sin embargo, ahora y con la perspectiva de la edad, me doy cuenta de un error crucial.

Un error que he ido cometiendo a lo largo de mi carrera profesional. Un error que, poco a poco, en los últimos años he intentado subsanar. Más que nada por la necesidad, por la falta de tiempo.

Decir sí a todo.

Solía ser un tipo bastante complaciente.

Con esto me refiero a que cuando me llegaba una petición de cualquier tipo, intentaba solucionarla de la forma que fuera. Actuaba digamos como ventanilla única.

Este modo de actuar no está mal. Te ayuda a aprender muchas cosas porque actúas en bastantes campos a la vez y digamos que cubres más ámbitos.

No está mal.

Cuando tienes tiempo para hacerlo.

Porque esta forma de trabajar consigue que disperses tu atención más allá de lo que realmente importa para ti, para tu trabajo. Y ojo: para lo que los demás esperan de ti.

Cuando tienes tiempo puedes actuar como ventanilla única. Ayudas a la gente y además aprendes. Todos ganamos

El problema es que cuando no tienes tiempo, al actuar como ventanilla única haciendo cosas que no importan realmente, o al menos no encajan dentro de tus objetivos, estás eligiendo mal.

Sí.

Como tu tiempo es limitado, si eliges hacer esto, al mismo tiempo estás eligiendo dejar de hacer otras cosas que sí te importan.

Y esto es un problema para ti.

Decir que si a todas las peticiones es la forma más sencilla de proceder. Las personas suelen evitar los enfrentamientos. Es algo incómodo y muchas personas, ni siquiera, se plantean decir no porque no tienen el valor para dar la cara, para enfrentarse. Deciden que la mejor opción es el sí.

Pero no es la mejor opción.

Decir sí suele suponer demorar los procesos, complicarlas y acabar trabajando en aquellas que no crees y que además no te aportan.

Ahora trabajo bajo esta premisa: analizo cualquier petición que me hacen, si esa petición aporta más valor a las actividades que realizo, voy a por ella con todo lo que tengo. Si no tiene sentido, me va a hacer perder el tiempo sin generar un resultado o, simplemente, puedo dedicárselo a algo que aporte más valor, digo que no.

Has de tener claro algo: el cliente no tiene siempre la razón, igual que tu jefe tampoco la tenía cuando te forzaba a tomar alguna decisión.

No.

Y no estoy hablando de que seas desagradable o que rechaces algo de malas maneras. Claro que no.

Estoy hablando de que te muevas como lo que eres. Un profesional. Un experto en tu campo que trata decirle a su cliente con total sinceridad que su petición no tiene sentido.

Seguramente le convenzas, porque la gente suele tener sentido común.

Y si no le convences, recomiéndale un competidor.

Tú debes estar satisfecho con tu trabajo, y ese trabajo debe estar realizado para aumentar el valor que le ofreces a tu cliente. Claro que sí. Y, muchas veces, te tocará explicarle por qué tu solución es mejor que la suya.

Porque sí.

Si aprendes a decir no por defecto ganarás tiempo para darles mayor valor a tus clientes. Que es lo que realmente importa.

EL BLOQUE SIN NÚMERO: TRABAJA CON EXCELENCIA

Sí. No busques el número en el índice. Este bloque no lo tiene

Y no es que se me olvidara incluirlo al escribirlo. Es que quería darle un interés especial.

La excelencia es una cualidad que aplica a todos los aspectos de tu negocio y que solo tienen los mejores.

No sabes por qué, no sabes dónde. Pero está ahí.

No quiero terminar este libro sin darte varias pistas acerca de cómo conseguir la excelencia en tu trabajo.

Y para hablar de excelencia voy a comenzar hablando de uno de los actores y directores que desde siempre, más me ha gustado: Clint Eastwood.

Desde Harry el Sucio, pasando por El Bueno, el Feo y el Malo, Sin Perdón, Gran Torino, Mystic River, Million Dollar Baby hasta los inolvidables Puentes de Madison.

Parece mentira que el mismo actor, que permanecía imperturbable en películas como El Jinete Pálido, sea capaz de despertar tantas sensaciones con su cine y con sus bandas sonoras impecables.

Clint Eastwood representa para mí algo que considero muy importante de cara a la gestión de un negocio: la persistencia en una idea: hacer las cosas bien.

Este concepto siempre me ha rondado en la cabeza, desde hace ya más de veinte años, antes de ir a la universidad: la idea de la excelencia.

Una idea que por supuesto no es mía.

La idea apareció en un libro que leí hacia los dieciocho. No recuerdo ni el título. Pero sí recuerdo la idea principal que venía a ser algo como esto.

"DA IGUAL EL TRABAJO QUE ESTÉS DESEMPEÑANDO. DA IGUAL LA FUNCIÓN QUE ESTÉS REALIZANDO. HAGAS LO QUE HAGAS HAZLO AL 100%. SI ERES UN BARRENDERO, SÉ EL MEJOR BARRENDERO. SI ERES CAMARERA, SÉ LA MEJOR CAMARERA. SI ERES VENDEDORA, SÉ LA MEJOR VENDEDORA."

La excelencia en lo que hagas.

Esto es muy potente. Mucho más de lo que puedes pensar ahora mismo. Porque una vez que la tienes en tu cabeza, tu cuerpo la interioriza y cuando ya no puedes más después de un día duro, te apoyas en esa idea para dar el último tirón.

Este concepto que me impactó hace veinte años está más de moda que nunca.

Customer Excellence.

Que la experiencia de tu cliente contigo sea excepcional, algo por lo que pelean las grandes marcas.

Te voy a poner unos ejemplos, que aunque muy conocidos, representan exactamente lo que te quiero decir.

- Amazon. Buscan, continuamente, que tu experiencia al comprar sea lo más cómoda posible. Dejar guardada la tarjeta de crédito, compra en un botón, infinitos resultados, resolución inmediata de incidencias.
- Nesspreso. Si tomas café Nesspreso sabes a lo que me refiero. No hace falta que te explique más. Si no lo tomas, mejor pásate por una tienda y rápidamente lo verás. O llama a su servicio de atención al cliente.
- Rituals: La experiencia es completa: imagen + aroma + sonido, todo junto.

Excelencia en el trato. Excelencia en la atención. Excelencia en los detalles

Y a excelencia se consigue trabajando sobre ella. Paso a paso.

En este capítulo te voy a hablar de los 7 aspectos que pueden hacer de tu negocio un negocio excelente.

1.- ORIENTACIÓN HACIA LOS RESULTADOS.

Algo que siempre aparece en las habilidades que debe tener el aspirante a un puesto de trabajo. Orientación a resultados: alcanzar resultados que te satisfagan plenamente.

Para conseguirlo debes actuar de forma ágil y flexible. Identificando las nuevas necesidades que aparecen en tu negocio y siendo capaz de adaptarte a ellas de una forma rápida.

2.- ORIENTACIÓN HACIA EL CLIENTE.

Crear valor sostenido para el cliente no es importante. Es esencial.

Por eso hemos hablado durante un bloque entero de tu cliente.

Para poder hacerlo tienes que conocerlo y comprenderlo. Él es el juez que decide acerca de tu producto y tu servicio. Así que debes orientarte, de forma clara, hacia sus expectativas, incluso segmentándolos si es necesario.

Y la mayor parte de las veces es necesario.

Además, deberías conocer las actividades de tus competidores, entenderlas y anticiparlas.

Resumiendo en una frase:

"Se trata de conocer la percepción de tus clientes para entender sus necesidades y satisfacerlas sobrepasando sus expectativas, si es posible, de forma rápida y eficaz"

3.- LIDERAZGO Y CONSTANCIA DE OBJETIVOS.

Tu visión debe estar focalizada en un objetivo y tus actuaciones deben ser consistentes con este objetivo.

Si eres una sola persona en el negocio puedes pensar que es sencillo. Pero no lo es. Es casi más complicado luchar y dirigir a los múltiples "YOS" que tienes dentro que a un conjunto de personas diferentes. Debes unir a todos tus "YOS" para perseguir a un solo objetivo. FOCO.

Si tienes más personas en tu organización, entonces, debes comunicar -de forma clara- uniendo y motivando a tu gente para caminar en la misma dirección, estableciendo valores y principios éticos que les ofrezca una identidad y un atractivo únicos.

Eso sí, lidera desde el ejemplo.

La gente no hace lo que le dicen.

La gente hace lo que ve.

4.- GESTIÓN POR PROCESOS Y HECHOS.

Debes gestionar tu negocio utilizando procesos y datos, más allá de tus sensaciones e intuiciones (pero ojo, sin dejar estas nunca a un lado)

Para ello debes tener un procedimiento claro y estructurado con el fin de poder implantar las estrategias que necesites. Y ese proceso debe estar completamente relacionado con sistemas de información que lo vayan realimentando.

5.- DESARROLLO E IMPLICACIÓN DE LAS PERSONAS.

Apóyate en tu gente para conseguir que sean ellos los que levanten tu negocio porque crean en él. Contrata a profesionales que te ayuden a crecer y apóyalos en el desarrollo de su potencial.

6.- PROCESO CONTINUO DE APRENDIZAJE, INNOVACIÓN Y MEJORA.

Hazte, todos los días, esta pregunta:

¿Esto que hago aporta valor a mi negocio?

Si no lo hace, cámbialo o -incluso- elimínalo.

Emplea tu experiencia para crear innovación y oportunidades de mejora, aprendiendo de tu experiencia y de la de los demás, aceptando que no siempre puedes tener tú la razón.

7.- DESARROLLO DE ALIANZAS MUTUAMENTE BENEFICIOSAS.

Júntate con personas que te aporten valor. Profesionales y organizaciones que complementen tu negocio o que te den una visión de la que careces.

Localiza compañeros de viaje que te permitan alcanzar un beneficio mutuo claramente identificado.

RECAPITULANDO

En un mercado como el que tenemos ahora mismo, o te diferencias o mueres.

No hay más.

Por eso, si lo que has leído te ayuda a diferenciarte de tus competidores y, con ello, a progresar más rápido, estaré muy contento.

Esa es la intención con la que he escrito todas y cada una de las palabras que has leído.

Si me permites, ya para terminar, me gustaría que te quedaras con estas 9 ideas principales en la cabeza:

1. Lo que tú has sido, lo que eres y lo que serás lo decides tú. Nadie más. No dejes que nadie viva tu vida.
2. Si quieres que tu negocio crezca tienes que gestionarlo de una forma profesional, la cuneta está llena de buenas ideas con una pésima gestión.
3. Puedes gestionar bien tu negocio si cuentas con las herramientas adecuadas: fórmate o déjate acompañar por alguien en quien confíes.
4. Lo que se mide mejora: monitoriza tu negocio.
5. Tu misión es darle más valor a tus clientes. No olvides esto nunca.
6. Tu equipo puede levantarte a lo más alto, ayuda y déjate ayudar.
7. Presta atención a tus decisiones puesto que, como decía un amigo, Tus Decisiones serán Tu Historia.
8. Tu tiempo es tuyo. De nadie más. Elije cómo quieres gastarlo.
9. Sé excelente en lo que hagas. Siempre.

Hasta aquí lo que tenía que contarte. Por ahora...

Referencias

Además de los que te he ido aconsejando, te dejo aquí unos libros que me han ayudado a escribir este y siguen haciéndolo en mi día a día. Por si te interesa:

- Los 7 hábitos de la gente altamente efectiva, Stephen R. Covey. Una escalera de pasos para cambiar tu forma de hacer las cosas
- Aprendiendo de los mejores, Francisco Alcaide. Más de 500 reflexiones de más de 50 personalidades reconocidas internacionalmente.
- Influencia, Robert B. Cialdini. Un libro fascinante sobre la ciencia y la práctica de la persuasión.
- Buyology, verdades y mentiras de por qué compramos, Martin Lindström.
- Urbrands, Risto Mejide. Construye tu marca personal como quien construye una ciudad.
- La sorprendente verdad sobre qué nos motiva, Daniel H. Pink. ¿Cuál es tu verdadera motivación?
- El libro negro del emprendedor, Fernando Trías de Bes. Para evitar fracasos e ilusiones rotas.
- Reinicia, J Fried & D.H. Hansson. Borra lo aprendido y piensa la empresa de otra forma
- Vender es Humano, la sorprendente verdad de cómo convencer a los demás, Daniel H. Pink.
- Tu modelo de negocio, Tim Clark. Adapta el mejor modelo para tu marca personal. Todo el capítulo 16 está inspirado en este libro y bebe de él.
- La vaca púrpura, Seth Godin. Lo diferente vende.

Agradecimientos

Muchas gracias a mis compañeros de trabajo, a las personas de mi equipo y a mis jefes que, día a día, me han enseñado a ser mejor profesional y de quienes he aprendido mucho de lo que incluyo en este libro.

Muchas gracias Edu por unir mis frases, hacerme reír con tus correcciones y comentarios y darle un poco más de consistencia y coherencia a este "Manual".

Gracias a mis amigos, por aguantarme desde que éramos unos críos y darme el punto de realidad que a veces nos hace falta a todas las personas.

Moltes gràcies a mi familia, por su confianza y por conformar parte de la estructura que da soporte día a día.

Y sobre todo:

Gracias Mayte, por ayudarme, gracias por apoyarme y por estar todos los días a mi lado. Gracias por tu soporte, por tu paciencia y por tu tiempo. Gracias por tu cariño. Gracias por tus mañanas y tus noches. Gracias siempre.

Gracias Sandra, por tu sonrisa continua, por tus siestas y tus partidas. Por tus ratos en el agua. Por el tiempo que me regalas cada día.

www.ingramcontent.com/pod-product-compliance
Lightning Source LLC
Chambersburg PA
CBHW071257220526
45468CB00001B/162

* 9 7 8 1 9 7 4 5 2 4 4 7 1 *